Analyser et profiler les gens

Comment lire en n'importe qui comme dans un livre en utilisant des méthodes éprouvées de la PNL et de la psychologie humaine

Mathieu Perrat

SOMMAIRE

SOMMAIRE **2**

INTRODUCTION **3**

CHAPITRE 1 : SE CONNAÎTRE SOI-MÊME POUR APPRENDRE À CONNAÎTRE LES AUTRES **7**

A. Comment se connaître soi-même? 7
B. Comment reconnaître vos forces et faiblesses 29
C. Les gestes qui vous trahissent 55

CHAPITRE 2 : COMPRENDRE LA COMMUNICATION NON-VERBALE **61**

A. Analyse et interprétation psychologiques des comportements corporels ... 61
B. Comment lire le langage du corps 79
C. Comment développer une communication non-verbale positive ? 88

CHAPITRE 3 : ANALYSER LES GENS GRÂCE AUX TECHNIQUES DE COLD READING **97**

A. Les 13 commandements du Cold Reading 99
B. Comment vous-protéger du Cold Reading ? 107

CHAPITRE 4: COMMENT ÉVALUER LES PERSONNES? **118**

A. Les différents types de personnalités 118
B. Comment profiler les gens? 138
C. Exercices pratiques pour apprendre à manipuler 144

CHAPITRE 5 : ANALYSER LES INDIVIDUS EN MILIEU PROFESSIONNEL **151**

A. Cernez vos collègues en 6 questions 151
B. Comment décrypter son supérieur ? 154

CHAPITRE 6 : APPRENEZ À DÉTECTER LE MENSONGE À COUP SÛR **159**

A. Mensonges et détection de mensonges 159
B. Décrypter les techniques du mensonge et de la manipulation selon la science du mentalisme 164

INTRODUCTION

Avez-vous déjà eu l'impression soudaine que l'on vous mentait ? Que l'on vous cache quelque chose ? Un jour, par exemple, vous êtes avec votre fiancé(e) qui vous explique pourquoi il (elle) ne peut pas vous accompagner à une soirée. Et tout en l'écoutant, vous ne pouvez pas vous empêcher de penser "Ah, j'aimerais bien pouvoir lire dans ses pensées..."

Un autre jour, vous êtes avec des amis et l'un d'entre eux, Fred raconte une histoire. Tout à coup, une idée surgit dans votre esprit : "Je ne sais pas pourquoi, mais je parie que Fred nous ment. C'est du bluff ! "

Tous les autres vous diraient : "Mais non, tu te fais des idées. Fred n'est pas comme ça... " Mais vous vous méfiez quand-même. Et souvent, la suite des événements vous donne raison... Peut-être que cette personne a envoyé malgré elle des "signaux" suspects. Peut-être que son regard était différent... Ou alors peut-être que ses mains n'arrêtaient pas de bouger. Tous ces signes, vous les avez "captés" inconsciemment et vous en avez tiré une conclusion. Et tant mieux ! Parce que chaque petit geste de votre interlocuteur peut vous dévoiler un secret. Aucune de nos attitudes n'est entièrement innocente. Toutes ont un sens. Chaque geste imperceptible vous permet de décoder le discours de votre interlocuteur et de savoir tout de suite si celui-ci vous cache quelque chose...

Mais cela va plus loin : ces minuscules signes – si vous savez les "lire" – vous disent en quelques secondes si la personne en face de vous est dynamique ou passive, sûre d'elle ou complexée, plutôt sentimentale ou plutôt pragmatique, etc. C'est une réalité : nous étalons tous notre caractère publiquement, à notre insu. TOUT nous trahit : nos gestes, notre démarche, notre posture, notre voix, notre façon de nous habiller, notre écriture et mille autres petites choses.

Réfléchissez : quels signes vous donnent des indices sur le caractère d'une personne ? Je suis sûr que vous en connaissez quelques-uns ...

Par exemple :

Vous savez que si une personne ne vous regarde pas droit dans les yeux lorsqu'elle vous parle, elle vous cache probablement quelque chose. Un regard furtif, c'est suspect. Ou encore : si votre interlocuteur n'arrête pas de se tortiller les mains, il est probablement rongé par l'inquiétude ou encore par l'impatience.

En effet, l'art de "lire" sur le visage et dans les gestes de votre interlocuteur est incroyablement complexe. Et si vous le maîtrisez, les résultats sont... bluffants. Les spécialistes dans cet art savent que : Savoir "déchiffrer" la personne en face de vous est un des plus grands facteurs de succès dans la vie. Les statistiques montrent que nous passons 70% de notre temps à communiquer (de plusieurs façons : visuellement, verbalement, etc) avec des personnes connues ou inconnues. Et le seul moyen de savoir si nous pouvons leur faire confiance c'est... de les observer. Plus vous savez observer et interpréter ce que vous voyez, et moins vous pouvez "vous faire avoir" par les autres. Et ce, dans n'importe quelle situation, professionnelle ou personnelle. Plus vous êtes rapide dans le déchiffrage de tous ces signes et plus vous avez à gagner !

Par exemple :

--> Vous êtes à la recherche d'un emploi

Vous obtenez un entretien et vous savez qu'il est décisif. Mais vous n'avez pas peur, car dès que vous vous asseyez en face de votre recruteur, vous devinez instantanément à quel type de tempérament vous avez à faire. Vous savez tout de suite quelle attitude adopter. Vous adaptez donc votre discours au sien et vous faites bonne impression du 1er coup. Le poste est à vous.

--> Une femme (un homme) vous sourit. Que faites-vous ?

Est-ce que cette personne est vraiment intéressée par vous ou bien cache-t-elle de mauvaises surprises ? Vous observez discrètement la façon dont elle se tient et certains traits de son visage. Son attitude vous révèle mieux son caractère que si vous aviez passé 10 ans avec elle...

Et vous savez instantanément si vous pouvez lui faire suffisamment confiance pour lui accorder une chance, ou si au contraire, vous devez la fuir à tout prix. Imaginez tout le pouvoir dont vous disposez quand vous savez lire les émotions cachées de votre interlocuteur ! C'est un pouvoir quasiment illimité, n'est-ce pas ? Ce qui est "magique", c'est que tout commence par votre simple capacité d'observer et d'interpréter ce que vous voyez chez les autres. Vous devenez presque un observateur – magicien...

Est-ce que tout le monde peut le faire ? Eh bien, vous avez seulement besoin... de vos yeux. Oui, vous êtes parfaitement capable d'acquérir ce pouvoir. Il suffit de savoir comment.

Chapitre 1 : Se connaître soi-même pour apprendre à connaître les autres

a. Comment se connaître soi-même?

Il faut se connaître pour faire les choix qui nous rendront heureux mais comment s'y prendre ? Quand on n'a pas encore construit sa personnalité, l'exercice est délicat mais il vaut pourtant la peine d'être tenté. Caractère, aptitudes, valeurs, motivations... Des pistes pour partir à la découverte de vous-même.

Comment se connaître soi-même ?

"Et si les autres s'ennuyaient avec moi, si j'étais incapable de les intéresser ?"... Souvent, Mathilde s'interrogeait. En dépit d'un vaste groupe d'amis, elle venait à douter de ses moindres qualités. "Et puis finalement, derrière la façade de la fille marrante, qui suis-je ?"

Lucas, lui, ne s'était jamais demandé ce genre de chose. Jusqu'à ce que ce conseiller, devant lequel sa mère l'avait traîné, lui balance la question piège : "Quel genre de personne es-tu dans la vie ?"

Moi ? quelle personne ? Mais je ne sais pas ! Et puis comment savoir qui l'on est vraiment ?

Il n'est certes pas aisé de se connaître, surtout lorsqu'on est encore jeune, et que l'on n'a pas encore fait beaucoup de choix. Pourtant on peut déjà tenter de se découvrir, commencer simplement à s'interroger, un peu comme il faut se mettre en route pour devenir, un jour, un voyageur. Prêt pour le départ ?

Quel est votre caractère ?

La première étape est de cerner vos grands traits de caractère. Un exercice que l'on peut faire à tout âge et quel que soit l'avancement de ses projets. Par exemple : êtes-vous méthodique ou brouillon ? Consciencieux ou étourdi ?

Pour vous aider, je vous donne par exemple une liste d'adjectifs et leurs contraires : cochez à chaque fois celui qui vous convient. Pour obtenir un résultat qui reflète vraiment votre personnalité, deux conseils :

- N'allez pas trop vite, réfléchissez avant de répondre aux situations de votre vie qui font apparaître ou non ce trait de caractère. Éventuellement, demandez à un proche de vous donner son avis (évitez les membres de la famille qui sont rarement objectifs !).

- Ne vous jugez pas : ne considérez pas qu'il est "mieux" d'être sociable que solitaire, ou prudent plutôt que casse-cou. Et ne mettez pas le trait de caractère que vous aimeriez avoir, mais celui que vous avez réellement aujourd'hui. D'un point de vue purement professionnel, tous les traits de caractère sont intéressants, l'important est de cerner les vôtres. Exemple : un "casse-cou" aura des qualités de fonceur pour prendre des risques, un prudent aura le sens des responsabilités.

Cela dit, peut-être que certains traits de personnalité sont vraiment des défauts qui vous gênent dans plusieurs domaines de votre vie. Mais il n'est pas impossible de s'améliorer, ni de changer ! De 15 à 25 ans, la personnalité se forge et se forme au contact des événements, des rencontres et des choix que l'on fait. Ainsi, si vous êtes "nonchalant", 'indifférent" et "blasé', ne faites pas l'autruche mais demandez-vous plutôt ce qui vous rend ainsi aujourd'hui : avez-vous des difficultés particulières ? des problèmes affectifs, un manque de motivation pour ce que vous faites, des mauvaises habitudes de vie (couchers tardifs, manque de sport, cannabis...) ?

- Pour certains adjectifs, peut-être ne savez-vous pas répondre : vous vous sentez "entre les deux", ou "ni l'un ni l'autre". Notez-le aussi. Ne retenez finalement que les 3-4 qualificatifs qui vous conviennent tout à fait. Exemple : volontaire, persévérant, sociable.

Le test MBTI : cerner sa personnalité

Il existe des tests mis au point à partir des acquis de la psychologie et des sciences humaines. Ainsi le "Myers Briggs type indicator" (ou MBTI) conçu par l'Américaine Isabelle Briggs-Myers est le test psychologique le plus utilisé au monde pour aider à s'orienter ou à améliorer ses relations aux autres.

Une fois que vous avez cerné votre caractère (exemple : original, rêveur, sûr de soi), vous pouvez vous demander quels types de métiers demandent ces qualités. Attention : en général, il y a plusieurs types de métiers possibles pour chaque caractère, et c'est tant mieux.

Exemple : Vous êtes "Expansif, sûr de vous, énergique". Ce sont des qualités qui peuvent être très utiles dans des fonctions commerciales, les relations publiques, mais aussi les métiers de la communication, l'enseignement, l'animation, etc.

Si vous savez déjà quel type de métier vous plairait, vous pouvez aussi vous demander quelles sont les qualités importantes à avoir. Pour être journaliste, mieux vaut être curieux, pour être infirmière, le sens du service est important, pour être vendeur, il faut être à l'aise dans le contact avec les autres. Pour aller plus loin dans un choix de métier ou d'orientation, en réalité, le caractère ne suffit pas. Il faut aussi tenir compte de vos aptitudes.

Quelles sont vos aptitudes ?

Vos aptitudes, ce sont vos dons, vos talents, vos capacités. Attention, on peut souvent répondre uniquement en fonction de ses résultats scolaires. "Je suis bon en français", ou "je suis bon en sport". L'inconvénient, c'est qu'il y a pas mal d'aptitudes que l'école ne détecte pas. L'aptitude à rentrer facilement en relations avec les autres par exemple, ou les aptitudes musicales...

Les conseillers d'orientation retiennent souvent 5 grands profils : littéraire (vous aimez lire et avez des facilités pour les langues et pour l'écriture), scientifique (vous aimez les maths, la physique, l'abstraction, les chiffres), technique (vous aimez savoir comment ça marche, vous aimez les nouvelles technologies, le concret), artistique (vous aimez pratiquer un art, ou bien allez souvent au théâtre ou au concert), sportif (vous pratiquez et êtes très physique).

Nos aptitudes définissent notre forme "d'intelligence" : c'est la façon dont nous parvenons le mieux à saisir la réalité et à agir sur elle. Évidemment, nous avons tous des aptitudes, mais le système scolaire ne nous aide pas toujours à les détecter.

Quelles aptitudes pour quels métiers ?

Tous les métiers n'exigent pas les mêmes aptitudes. Mais là encore, un talent ou une aptitude peut s'épanouir dans divers métiers. Si vous avez des dons pour entrer en relation avec les autres, les comprendre, les écouter, vous pourrez utiliser cela dans un métier où l'on reçoit les autres (médecin, psychologue) ou bien en entreprise dans les ressources humaines, mais vous pouvez aussi envisager un secteur où le travail d'équipe sera important et vous serez peut-être un très bon manager.

La connaissance de nos aptitudes ou de nos formes d'intelligence peut donc nous aider à faire les bons choix d'études ou de formation au départ. Il est toujours plus facile de réussir dans un domaine où l'on a des facilités, ce qui ne veut pas dire que l'on n'aura pas à travailler pour acquérir les connaissances nécessaires.

Une fois choisie une filière d'études ou de formation professionnelle, les aptitudes ne suffisent pas en effet. Il faut acquérir des compétences : ce sont les tâches précises que vous savez faire, les connaissances que vous avez. Un médecin ne doit pas seulement aimer écouter ses malades, il doit savoir reconnaître leurs symptômes et prescrire le médicament adapté. Dans un CV, on n'indique pas ses aptitudes (Je suis bon en langues), mais on le prouve par son parcours en mentionnant un diplôme, un score obtenu à un test de langues, une expérience, un voyage ou un stage qui prouvent des compétences.

Attention, une série d'échecs peut être le signe que vous n'avez pas choisi la filière qui correspond à vos aptitudes. Vous avez peut-être été mal orienté. Revenez à la case précédente : il existe toujours un secteur dans lequel vous pouvez réussir.

Quelles sont vos valeurs, vos motivations ?

Vous avez repéré vos traits de caractère et vos aptitudes. Troisième étape : il faut connaître vos motivations profondes ou vos valeurs. Qu'est-ce qui est le plus important pour vous dans la vie ? Que recherchez-vous ? Qu'attendez-vous de votre futur métier ? De vos études ? De votre vie sociale ? Ces questions, qu'il faut se reposer souvent, vont vous donner la direction, le sens à donner à votre vie.

Voici une liste de grandes motivations : Être célèbre, gagner beaucoup d'argent, aider les autres, être indépendant et autonome dans son travail, commander ou diriger une équipe, résoudre des problèmes techniques compliqués, avoir la sécurité de l'emploi, voyager, travailler dans un secteur qui vous passionne (automobile, aéronautique, secteur audiovisuel, informatique, etc.)

Les filières qui pourraient vous convenir

Pour bâtir un projet professionnel qui vous convienne vraiment, vous devez tenir compte à la fois de votre caractère, de vos aptitudes et de votre motivation.

-Si vous êtes méthodique, patient, que vous avez des aptitudes techniques et avez envie de vous épanouir dans une profession très spécialisée, vous pouvez envisager une carrière de technicien ou d'ingénieur spécialisé dans l'industrie, l'informatique ou les nouvelles technologies.

- Si vous êtes sociable, habile de vos mains, et avez envie d'aider les autres, vous pourriez envisager des carrières para-médicales (kiné, dentiste, infirmier...)

- Si vous êtes consciencieux, ambitieux, que vous aimez les responsabilités et avez un profil d'intelligence logico-mathématique, vous pouvez envisagez une carrière d'ingénieur.

Connais-toi pour prendre confiance en toi

En réalité, on apprend peu à peu à se connaître au fil du temps, en vivant de nouvelles expériences, en rencontrant certaines personnes qui nous aident à nous révéler. Quant aux choix à poser, là encore, pas de panique ! C'est en avançant par étapes que l'on peut choisir une première orientation, puis une autre, puis opter pour une spécialisation...

"Connais-toi toi-même", disaient les philosophes grecs... Connais-toi pour prendre confiance en toi, découvrir tes forces et tes faiblesses, tes talents et ceux que tu n'as pas mais que tu aimeras trouver chez les autres. Connais-toi pour donner le meilleur de toi-même et ainsi, rendre les autres heureux. Un conseil de sagesse à vivre tranquillement, sur un chemin qui va s'éclairer peu à peu.

4 manières de se connaître soi-même

Apprendre à se connaître soi-même est une expérience réellement enrichissante. Vous deviendrez indépendant, ferez les choses pour vous-même, enfin ! C'est une émotion difficilement exprimable par les mots, mais lorsque vous ne savez pas qui vous êtes, il est difficile de l'ignorer. Se trouver n'est pas facile, mais cela en vaut la peine. Voici quelques conseils pour commencer le processus.

Méthode 1: Réveiller votre conscience

Établissez une chronologie de votre propre vie. Écrivez tous les objectifs importants que vous pensez avoir atteints ou voulez atteindre. Puis, ajoutez les évènements passés de votre vie qui vous ont marqué et affecté. Lorsque nous rencontrons des problèmes et des mésaventures, cela forme notre système de croyance et nous fait penser de façon différente. En fait, ces évènements nous font tels que nous sommes. Tout ce que vous listerez sera vous, et non un simple reflet de la société. Il ne s'agit pas de se complaire avec soi-même. Il s'agit de clarifier et d'identifier les problèmes. Ces problèmes pourraient vous empêcher d'atteindre votre potentiel et de laisser éclater votre véritable personnalité.

Prenez le temps d'écrire clairement les évènements du passé qui ressortent dans votre chronologie. Une chronologie est une méthode incroyablement objective pour déterminer les évènements que vous considérez importants dans votre vie. Vous pouvez les regarder comme des blocs de formation et expériences changeantes sans les imprégner de trop d'émotions (comme vous le feriez en notant ces évènements dans un journal). Restez simple, vrai, et centré sur l'effet ou la leçon centrale apprise de chaque incident passé.

Lorsque vous analysez des expériences négatives passées, regardez le message positif que vous en avez appris et ne vous attardez pas sur les erreurs ou le côté négatif. Après tout, vous en avez probablement appris quelque chose. Tout le monde traverse de mauvais moments au cours de sa vie, mais prétendre que ces moments sont pires qu'ils ne le sont ou carrément inexistants, ne vous sera d'aucun bien. Plutôt, reconnaissez que sans ces expériences passées vous ne seriez pas où vous êtes aujourd'hui.

Distinguez vos pensées des pensées des autres. Pour la plupart des gens (c'est plus courant que vous ne le pensez probablement), il est facile de traverser la vie en mode autopilote, la réalité nous étant presque entièrement expliquée. Va à l'école, trouve en emploi, marie-toi, pense comme cela, fait ceci, etc. ... et ta vie sera parfaite. Et cela a certainement des avantages mais ne laisse pas beaucoup de place pour vous. Asseyez-vous seul, puis à la fin de la chronologie, ajoutez quelques-unes de vos croyances qui ne sont pas basées sur la logique mais sur ce que l'on vous a dit. Nous avons tous ce genre de croyances. Maintenant, est-ce réellement ce que vous pensez ?

La société a une tendance certaine à pointer du doigt les "marginaux", à condamner les "loser", à idolâtrer le "beau", aliéner "l'étranger". Mais voici un fait : ces jugements ne sont pas basés sur la réalité. Que ressentez-vous pour le monde qui vous entoure ? Songez à ce que vous' pensez être bon ou mauvais, et non à ce que quelqu'un d'autre vous à dit. Soyez libre de penser librement. Vous reconnaissez-vous réellement dans les affiliations religieuses et politiques de vos parents ? Votre carrière est-elle réellement ce qui vous importe le plus ? Les lunettes noires et épaisses vous donnent-elles vraiment l'impression d'être cool ? Si la réponse est non, très bien ! Il n'y a absolument rien de mal à ne pas vous conformer aux normes préexistantes. Tout ce que vous avez à faire est effacer ce que vous avez appris, puis de tout réapprendre. Mais cette fois, faites votre apprentissage en vous basant sur votre instinct.

Commencez à compter sur vous-même. La confiance en soi et l'indépendance sont au cœur de la recherche de soi-même. Sans une estime de vous suffisamment forte, vous écouterez sans cesse ce que disent les autres et serez limité par ce qu'ils pensent être bien, mal et approprié. Apprenez à croire en vous et à faire confiance à vos sentiments. Puis, déterminez une structure sur laquelle baser votre nouvelle appréciation de vous-même. Si vous avez été harcelé dans le passé, faites face à ces problèmes. Ils ne disparaîtront pas d'eux-mêmes. Cette situation passée continue peut-être d'influencer votre approche de la vie, vous incitant à penser que vous devez vivre en fonction de ce que les autres attendent de vous.

Commencez à faire confiance à votre propre jugement et à votre façon de prendre des décisions. Bien sûr, vous allez faire des erreurs de temps en temps, mais tout le monde en fait. C'est par les erreurs que vous grandirez, apprendrez et finirez par vous connaître. Commencez à prendre des responsabilités pour le budget, les affaires ménagères, et la planification du futur. Les gens qui ont du mal à savoir qui ils sont ont tendance à négliger les "détails" de la vie, de façon désinvolte, en pensant que les choses se régleront d'elles-mêmes. Mais ce n'est pas toujours le cas. Prendre des responsabilités vous éloigne du précipice et vous permet d'être indépendant et de compter sur vous-même, sans n'être plus porté par les vagues du destin.

Préparez-vous à recommencer de zéro. Développez votre propre code moral et appliquez-vous à le respecter. Éliminez les étaux de votre vie (il s'agit de toutes les actions ou habitudes qui entravent votre personnalité véritable et vous permettent d'échapper aux questions difficiles). Ces étaux sont distrayants et souvent nocifs.

Arrêtez de fumer, de manger trop, ou d'abuser de l'alcool. Voici quelques exemples de mauvaises habitudes qui vous empêchent de fonctionner au mieux. Analysez ces habitudes, comprenez pourquoi vous les utilisez comme béquilles au lieu de trouver de meilleures façons de vous satisfaire. Cette étape pourrait être une véritable rééducation pour certains, mais considérer que ces habitudes sont trop difficiles à gérer ne les fera pas disparaître. Souvenez-vous que vous ne pourrez pas faire avancer votre vie si vous regardez constamment dans le rétroviseur.

Organisez votre monde. Mettre de l'ordre dans tous les autres domaines de votre vie pourrait vous faciliter ce processus de recherche identitaire. Rangez votre chambre. Faites vos devoirs. Résolvez cette dispute avec votre ami. Vous désencombrerez ainsi votre univers et aurez davantage de temps pour vous. Nous avons tous des excuses pour ne pas évoluer dans la direction dans laquelle nous aimerions évoluer. Ce pourrait être l'argent, l'école, un emploi, une relation, ou bien d'autres choses. Même si vous êtes terriblement occupé, prenez le temps de réfléchir et de vous confronter à chaque problème. Si cela demeure une priorité n°2, vous ne mettrez jamais d'ordre dans votre vie.

Méthode 2: Conquérir le monde

Immergez-vous dans la solitude. Accordez-vous du temps et de l'espace afin de parvenir à vous éloigner des attentes extérieures, des conversations, du bruit, des médias et de la pression. Prenez chaque jour le temps de sortir marcher et de réfléchir. Asseyez-vous sur un banc dans un parc et regardez autour de vous. Partez en road trip, afin de réfléchir. Qu'importe ce que vous faites, éloignez-vous de ce qui vous distrait et vous empêche de contempler votre vie et la direction que vous voulez lui donner. Dans la solitude, vous devrez vous sentir indépendant et auto-suffisant, et non seul, dans le besoin, ou effrayé.

Tout le monde a besoin de passer du temps seul, que vous soyez introverti, extraverti, célibataire, en couple, jeune ou vieux. S'isoler est nécessaire pour se régénérer, s'écouter, pour trouver la paix intérieure, et pour réaliser que la solitude, lorsque voulue, n'est pas une mauvaise situation, mais bien davantage un passage libérateur de votre existence.

Si vous êtes créatif, vous pourriez découvrir que la solitude stimule votre créativité. Il est bon de collaborer avec d'autres personnes de temps en temps, mais il est difficile d'être réellement créatif lorsque vous êtes constamment entouré de gens. Prenez du recul et puisez dans votre créativité.

Recherchez une passion. Lorsque vous croyez en quelque chose ou voyez de la beauté en quelque chose, vous devriez poursuivre cet intérêt sans vous préoccuper de ce que pensent les autres. Si vous avez découvert quelque chose pour lequel vous êtes prêt à faire des efforts et des sacrifices, s'achève alors une des quêtes les plus importantes de votre vie. Bien souvent, poursuivre cette activité pourra vous mener à quelque chose d'extrêmement satisfaisant.

La clé ici est de réaliser que ce pourrait être n'importe quoi. Ce pourrait être la lutte contre la faim dans le monde ou ce pourrait être la peinture. Il n'y a pas d'échelle en matière de passion : vous le sentez ou vous ne le sentez pas, aucune passion n'est meilleure qu'une autre. Lorsque vous découvrez quelque chose qui vous tire du lit le matin, accrochez-vous-y. Vous pourrez alors laisser éclore votre "vous" véritable.

Trouvez un mentor. Bien que ce processus de recherche de soi soit très personnel et que vous seul pouvez déterminer ce dont vous avez besoin, un mentor pourrait être une ressource incroyable lorsque vous rencontrez ces obstacles inévitables sur la route. Recherchez quelqu'un en qui vous avez confiance, et qui semble savoir qui il est. Comment y est-il parvenu ?

Partagez avec votre mentor le processus que vous entreprenez. Précisez que vous savez qu'il s'agit d'un voyage personnel, mais que vous aimeriez vous appuyer sur les forces de votre mentor. Analysez cette personne le plus objectivement possible. Qu'est-ce qui la fait avancer, qu'est-ce qui fait d'elle ce qu'elle est ? Comment en est-elle arrivée là ? Comment parvient-elle à rester elle-même ?

Un bon système de soutien est essentiel lorsque vous cherchez qui vous êtes. Peu de gens comprendront ce que vous traversez, les autres balayeront le sujet, en pensant que votre quête de vous-même n'est qu'une lubie passagère. Utilisez ce mentor comme un modèle, votre cheminement en sera facilité.

Déterminez votre carrière. Si vous errez à droite à gauche à la recherche de l'emploi idéal, il y a de grandes chances que vous ne soyez pas heureux à l'intérieur. Ces changements d'emploi permanents pourraient être une excuse pour ne pas réaliser entièrement votre potentiel. Apprenez à vous connaître en cherchant à savoir ce que vous aimez vraiment faire. Si l'argent n'était pas un problème, que feriez-vous de vos journées ? Serait-il possible de rendre cette activité lucrative ?

Prenez le temps de laisser vagabonder votre esprit. Songez à ce que vous aimez et n'aimez pas. Au-delà de ces choses, laissez votre esprit vagabonder vers d'autres idées que vous associez avec les idées précédentes. Notez toutes ces choses. Puis revenez à la question de votre carrière et examinez les associations précédemment faites. Quel type de carrière semble le mieux correspondre aux choses qui vous stimulent et vous motivent, mises en exergue par l'exercice des "associations" ? Comme l'a dit Alain de Botton, cet exercice permet de rechercher les "bips de joie" dans la cacophonie des obligations, des attentes et pressions extérieures.

Gardez en tête, cependant, que le travail pourrait ne pas être la sphère dans laquelle vous vous épanouirez. Si c'est le cas, vous devrez parvenir à trouver un équilibre entre votre vie personnelle et votre travail, afin de poursuivre votre quête du "vous véritable" en dehors du bureau, même si cela signifie que vous travaillerez moins et aurez moins de revenus. Tout cela est possible, en particulier s'il s'agit de trouver qui vous êtes et de vous épanouir.

Méthode 3: Changer votre perspective

Défaites-vous du besoin d'être aimé de tous. Acceptez que certaines personnes aient une mauvaise opinion de vous, qu'importe ce que vous faites. Il est important d'oublier ce que pensent les autres, car vous ne pourrez pas satisfaire tout le monde. Et bien que vous ne vouliez peut-être pas décevoir vos proches, ils devraient vouloir votre bonheur. Tant que vous continuerez à vivre pour satisfaire les idées des autres et leur perception de vous, vous ne saurez jamais réellement qui vous êtes. Cette idée est parfaitement résumée par Raymond Hull : "Celui qui se taille pour faire plaisir aux autres, terminera bientôt coupé en morceaux".

Sachez que certaines personnes deviendront jalouses ou dépassées lorsqu'une personne change ses habitudes et devient plus mature et mieux dans sa peau (d'autres personnes adoreront cela). Ce processus est alors une menace aux relations anciennes, car vous forcerez ces gens à se regarder dans un miroir et à voir qui ils sont, alors qu'ils n'en sont pas forcément envie. Accordez de l'espace et votre compassion à ces gens, ils pourraient revenir vers vous plus tard. S'ils ne reviennent pas vers vous, laissez-les vivre leurs vies. Vous n'avez pas besoin d'eux pour être vous. Abandonnez la négativité. Cela semble plutôt abstrait, oui. Mais heureusement, c'est plus facile à faire qu'à dire ! Faites l'effort conscient de limiter vos jugements des autres, des choses, et de vous-même. Cela pour deux raisons :

- ✓ Les pensées positives sont nourrissantes et peuvent conduire à un bonheur masqué par votre sentiment d'être perdu.

- ✓ Ouvrir votre esprit à de nouvelles expériences et de nouvelles personnes (que vous aviez mal jugées) vous permettra de découvrir un nouveau monde qui pourrait être meilleur que celui que vous connaissiez : un monde où vous pourrez trouver votre place au soleil, votre château dans les nuages, votre place dans ce monde de fous.

Essayez chaque jour de faire quelque chose que vous auriez tendance à rejeter parce que ''bizarre'', ''illogique'' ou simplement ''gênant''. Sortir de votre zone de confort vous permettra d'appendre beaucoup, mais vous obligera également à comprendre qui vous êtes, ce dont vous êtes capable, ce que vous aimez, ce que vous n'aimez pas, et ce qui vous manquait dans votre vie précédente. Vous y gagnerez beaucoup !

Posez-vous toutes les questions possibles. Posez-vous les questions difficiles, celles auxquelles il est difficile de faire face. De plus, gardez par écrit vos réponses à ces questions. Après votre période de solitude, ces pensées glisseront facilement au fond de votre esprit pour y être oubliées. Si vous les avez notées, vous pourrez revoir vos notes chaque fois que vous réfléchissez. Cela vous permettra d'avancer sur votre chemin, et de ne pas constamment vous poser les mêmes questions. Conservez ces notes dans un carnet qui soit à la fois facile d'accès et tenu à jour de votre vie actuelle. Ce sera pour vous une source d'enrichissement, par laquelle vous pourrez mesurer votre évolution. Voici comment commencer :

Si j'avais toutes les ressources du monde, si je n'avais pas besoin de gagner ma vie, que ferais-je de mon quotidien ?. Peut-être que vous peindriez, que vous écrieriez, que vous exploreriez la forêt amazonienne ou que vous auriez une ferme. Ne vous retenez pas.

Pourrais-je plus tard regarder ma vie et me dire que je ne regrette rien ? Regretterez-vous de n'avoir jamais voyagé ? Regretterez-vous de n'avoir jamais invité cette personne à sortir, même si vous risquiez de vous faire rejeter ? Regretterez-vous de n'avoir pas passé suffisamment de temps avec votre famille quand vous le pouviez ? Cette question peut-être très difficile.

Si je devais choisir trois mots pour décrire la personne que j'aimerais être, quels seraient ces mots ? Aventureuse ? Aimante ? Ouverte ? Honnête ? Hilarante ? Optimiste ? N'ayez pas peur de choisir des mots généralement considérés comme négatifs, car ils prouvent que vous êtes une personne vraie et pas un amas de caractéristiques de ce que les gens veulent que vous soyez.

Parfois, les traits que vous n'aimez pas deviennent utiles dans les situations d'urgence, comme être autoritaire par exemple. Parfois, ces traits sont valorisés dans le domaine professionnel que vous souhaitez intégrer, comme être perfectionniste.

Si vous avez un trait de caractère réellement négatif, le reconnaître ouvertement peut vous donner la motivation de travailler à rediriger votre énergie vers quelque chose de positif. Essayez de canaliser cette mauvaise habitude dans un passe-temps. Vous n'aimez pas laver vos vêtements ? Partez faire du camping, vous aimerez peut-être ça ! Même quelque chose comme le pole-dancing pourrait être votre échappatoire. Qui suis-je? C'est question n'est pas statique. Ce devrait être une question que vous vous posez tout au long de votre vie. Une personne saine se réinvente constamment. En vous posant régulièrement cette question, vous réactualiserez votre connaissance de vous-même et de la façon dont vous changez. Au lieu de répondre à cette question par ce que vous pensez devoir être, concentrez-vous sur ce que vous êtes réellement, car c'est probablement une très bonne réponse, malgré vos défauts.

Méthode 4: Rester qui vous êtes

Agissez à partir de vos nouvelles découvertes. Faites ce que vous voulez faire ! Faites de l'aquarelle, écrivez une histoire, partez en voyage à Mombasa, sortez dîner avec un cousin, faites des blagues plus souvent, ouvrez-vous, dites-la vérité. Commencez à faire ou être dès maintenant ce que vous avez décidé d'être ou de faire. Ne secouez pas la tête en présentant des excuses comme "pas le temps", "pas d'argent", "responsabilités familiales", etc. Au lieu d'utiliser ces excuses, commencez à affronter les obstacles de votre vie. En prenant le temps de planifier et en rassemblant le courage de demander ces choses, vous parviendrez à trouver le temps et l'argent nécessaires, et à vous libérer de vos obligations. Parfois, le vrai vous a trop peur de faire face aux considérations pratiques car cela signifie faire face aux limites que vous vous êtes imposées. Commencez à planifier ce que vous voulez vraiment faire et recherchez ce qui doit être fait pour y parvenir au lieu de vous trouver des excuses, tuant ainsi vos rêves et vos objectifs avant même qu'ils soient nés.

Préparez-vous aux échecs. Se connaître soi-même est un cheminement, et non une destination. Les essais et les erreurs font partie de ce cheminement. C'est le prix à payer pour la satisfaction que vous recevrez : vous allez rencontrer des obstacles, et certains vous feront tomber. Soyez prêt à comprendre et accepter que cela fait partie du processus et engagez-vous à vous relever aussitôt et à reprendre votre chemin.

Ce ne sera pas simple, et ça n'a jamais été simple pour personne, mais si vous apprenez à voir les obstacles comme une chance de prouver à quel point vous désirez vous connaître, vous trouverez alors de la satisfaction et de la sécurité dans votre quête. En étant vous-même, les gens vous respecteront davantage et vous traiteront plus gentiment. Le mieux est que vous serez bien dans votre peau et que cela sera visible de l'extérieur, les gens comprendront alors mieux qui vous êtes.

Servez les autres. Le Mahatma Gandhi a dit un jour "le meilleur moyen de se trouver est de se perdre au service des autres". En vous concentrant uniquement sur votre introspection sans tendre la main aux autres, vous pourriez ne pas voir plus loin que le bout de votre nez et vous isoler des autres. Rendre service aux gens et à la société est le moyen ultime de trouver un but et sa place dans le monde. Voir à quel point la vie peut-être difficile pour d'autres gens est bien souvent un signal d'alarme et permet de voir vos propres soucis, inquiétudes et problèmes sous un autre angle. Cela vous aidera à prendre conscience de ce que vous avez et des opportunités que vous pourrez saisir dans votre vie. Cela peut nourrir votre personnalité, car vous réaliserez alors soudainement ce qui est le plus important. Faites-en l'essai, vous ne le regretterez pas.

Conseils

Sur le chemin, vous aurez parfois besoin de pleurer. Il est plus sain de laisser couler vos larmes que de les retenir !

Bien que ce soit un peu cliché, il est très important d'être soi-même lorsque vous cherchez à savoir qui vous êtes. Veillez à ce que personne n'influence qui vous êtes, écoutez les autres et apprenez d'eux mais réservez-vous les choix, les décisions et les acceptations. Si vous capitulez devant ce que les autres pensent, vous aurez beaucoup de mal à savoir qui vous êtes, puisque les gens influenceront ce que vous pensez être.

Sortez de votre zone de confort pour une période prolongée. Notez la façon dont vous vous adaptez en dehors de votre zone de confort et vous remarquerez des choses à votre propos que vous n'aviez jamais remarqué.

Ne pensez pas que vous êtes le seul à passer par cette étape. Dans L'homme invisible, Ralph Ellison résume cela parfaitement : "Pendant toute ma vie, j'ai cherché quelque chose et partout où je me suis rendu, quelqu'un a essayé de me dire ce que c'était. J'ai accepté leurs réponses, mais elles étaient souvent en contradiction et même contradictoires. J'étais naïf. Je me cherchais moi-même et je questionnais tout le monde sauf ma propre personne, alors que moi et moi seul pouvait répondre. Il m'a fallu beaucoup de temps et un douloureux bouleversement de mes attentes pour parvenir à réaliser que tout le monde semble être né ainsi : "Je ne suis personne d'autre que moi-même"

- Vous ne pouvez pas savoir à l'avance combien de temps durera ce processus. Soyez patient.
- Soyez le meilleur vous que vous puissiez être.
- N'ayez pas peur de prendre votre temps. Vos décisions n'ont pas à être prises rapidement et vous prendrez probablement de meilleures décisions si votre esprit est calme et reposé.
- Apprenez à pardonner dans l'espoir que d'autres vous pardonneront.
- Sachez qu'être vous-même est ce que vous pouvez être de mieux.
- Sachez que vous être proche de l'arrivée lorsque vous êtes à l'aise dans ce processus. Il n'y aura pas forcément de moment de révélation !

Il n'y a vraiment pas de bonnes ou de mauvaises réponses, répondez à vos questionnements en toute sincérité.

Avertissements

- Ne vous mentez pas à vous-même en essayant d'être quelqu'un que vous n'êtes pas. Souvenez-vous qu'il s'agit d'être vous-même. Il est important de ne pas laisser votre famille, la société ou les médias décider pour vous et vous pousser dans une certaine direction, surtout quant à votre apparence physique.

- Ne répandez pas de mauvaises rumeurs et ne parlez pas mal des gens. Rabaisser les autres ne vous permettra pas de mieux vous connaître. Cela ne fait que compromettre votre dignité en tant qu'être humain et les autres ne vous apprécieront pas.
- Ne laissez pas les autres décider pour vous ce que vous êtes destiné à faire. Leur chemin pourrait ne pas être le bon chemin pour vous. Ce qui marche pour une personne pourrait ne pas marcher pour une autre.
- N'analysez pas tout plus que de raison ! Il n'y a pas de bon ou de mauvais. Si vous essayez, vous faites déjà le bon choix !
- Ne prenez pas l'habitude de changer constamment qui vous êtes ou votre façon de vous comporter simplement vous vous fondre dans la masse.

b. Comment reconnaître vos forces et faiblesses

Si vous apprenez à reconnaître vos forces et faiblesses, vous saurez organiser plus facilement votre vie privée et vos relations de travail. La connaissance de soi représente un outil puissant souvent ignoré par le grand public. Les raisons sont multiples. Les plus fréquentes sont la gêne ou une difficulté lors de la mise en œuvre ou bien un sentiment pénible qui dissuade certaines personnes de profiter de cet outil. Souvent, les gens ne sont pas du même avis quand ils définissent un point fort ou une faiblesse. Effectivement, ce qui apparaît comme un atout à une personne ne le sera pas nécessairement à une autre. En définitive, cette question est subjective et il vous appartient de la résoudre par vos propres moyens. Rassurez-vous, car il existe des méthodes qui vous permettront de reconnaître vos forces et faiblesses soit concernant votre travail ou pour des raisons personnelles. Quelques astuces vous aideront aussi à appliquer ces méthodes, notamment pendant un entretien de recrutement.

Partie 1: Évaluer les aptitudes

Analysez vos atouts. Vous êtes déjà très fort, si vous acceptez d'examiner vos points forts et certains aspects de votre personnalité pour les améliorer. Il faut du cran pour réfléchir à la question. Passez gentiment la main dans le dos de votre égo et n'oubliez pas que vous êtes une personne exceptionnelle.

Notez vos occupations. Dans le but de reconnaître vos forces et faiblesses, passez en revue les activités que vous pratiquez fréquemment et celles qui vous donnent le plus de plaisir. Consacrez environ une semaine pour noter toutes vos occupations journalières en leur affectant un coefficient allant de 1 à 5, en fonction de leur fréquence ou du plaisir qu'elles vous procurent.

Des études ont établi que la tenue d'un journal représente une bonne méthode pour prendre conscience de soi-même et réfléchir sur ses points forts et ses désirs . Vous pouvez noter tous les instants inoubliables d'une journée déterminée. Il est possible aussi de rédiger des textes détaillés sur vos pensées et vos désirs secrets. Une connaissance approfondie de vous-même vous aidera beaucoup pour identifier vos atouts .

Réfléchissez sur vos valeurs. Parfois, vous avez des difficultés pour reconnaître vos forces et faiblesses parce que vous n'avez pas clarifié vos valeurs fondamentales. Il s'agit des croyances qui déterminent l'idée que vous vous faites de vous-même, des autres et du monde qui vous entoure. Elles sont fondamentales pour déterminer votre façon de vivre. L'identification de vos valeurs vous aidera à décider vous-même, si certains traits de votre personnalité représentent des forces ou des faiblesses, indépendamment des avis des personnes que vous fréquentez. Pensez aux quelques personnes que vous admirez. Pourquoi sont-elles l'objet de votre admiration ? Quelles sont leurs qualités ? Existe-t-il un rapport entre ces qualités et votre personnalité ?

Supposez que vous pouvez modifier une chose dans votre localité. De quoi s'agirait-il ? Pourquoi ? Comment manifestez-vous votre intérêt aux questions importantes ?
Souvenez-vous d'un moment exceptionnel de votre vie qui vous a pleinement satisfait. De quel moment s'agit-il ? Que s'était-il passé ? Qui était avec vous en ce moment-là ? Quelles étaient les raisons de votre bonheur ?

Supposez qu'un incendie s'est déclaré dans votre maison, mais que toutes les personnes et vos animaux de compagnie sont saufs et que vous ne pouvez sauver que trois objets seulement. Qu'auriez-vous pris avec vous ? Pour quelles raisons ?

Analysez vos réponses pour identifier des thèmes et des tendances. À la fin de votre réflexion, examinez vos réponses afin de relever des régularités. Par exemple, vous portez une grande admiration à Bill Gates et Richard Branson pour leur dynamisme et leur créativité. Dans ce cas, vos valeurs peuvent inclure l'ambition, l'esprit d'entreprise et l'intelligence. Si votre objectif consiste à éradiquer la pauvreté dans votre localité pour donner à chacun un toit et de la nourriture, vos valeurs pourraient comprendre la tolérance ou le dévouement. Généralement, nous avons plusieurs valeurs fondamentales. En cas de besoin, vous pouvez faire une recherche en ligne pour trouver des termes qui vous aideront à préciser vos propres valeurs .

Vérifiez que votre vie correspond à vos valeurs. Parfois, vous pensez que vous êtes faible dans un domaine particulier lorsque, pour une raison ou une autre, il y a un décalage entre votre manière de vivre et votre échelle de valeurs. Quand vos comportements sont conformes à vos valeurs, vous respectez la congruence des valeurs et à ce titre, vous augmentez vos chances d'éprouver davantage de satisfaction et réussir dans la vie .

Supposez que vous donnez de l'importance à l'ambition et à l'esprit de compétition, mais que vous n'avez jamais eu l'occasion de montrer votre savoir-faire ou terminer un travail peu intéressant. Vous serez enclin à croire que vous êtes faible dans ces domaines en raison du décalage qui existe entre votre existence et les facteurs auxquels vous attachez une importance extrême.

Supposez que vous êtes en congé de maternité et que vous avez hâte de reprendre votre emploi d'enseignante, car vous donnez beaucoup d'importance à l'activité intellectuelle. Probablement, vous penserez qu'être une bonne mère représente une faiblesse à cause du conflit qui existe entre l'accomplissement de votre travail d'enseignante et votre devoir maternel. Dans cette situation, vous pouvez essayer de trouver un équilibre afin de respecter toutes vos valeurs. N'oubliez pas que le désir d'une reprise rapide de votre activité professionnelle ne signifie pas un manque d'amour pour votre bébé.

Adoptez une approche situationnelle. Pensez à vos forces et à vos faiblesses en tenant compte des traditions et des conventions sociales du milieu dans lequel vous évoluez. En fait, ces conventions ne sont qu'un ensemble de règles qui régissent les relations entre les individus d'une même culture ou d'une zone géographique déterminée afin de préserver la cohésion sociale . En sachant que ces conventions dépendent de l'endroit où vous habitez, vous serez en mesure de déterminer plus facilement la signification d'un point fort ou faible dans une région géographique particulière.

Par exemple, si vous vivez à la campagne où tout le monde travaille manuellement, votre entourage donnera probablement une valeur importante aux activités manuelles. Par conséquent, les gens seront au labeur pendant toute la journée. En revanche, si vous êtes dans une grande ville, l'importance des activités manuelles serait plutôt moindre, sauf si vous faites un travail de ce genre. Vérifiez que le milieu dans lequel vous évoluez favorise vos forces et vos qualités personnelles. Dans le cas où votre milieu serait défavorable, réfléchissez sur les moyens qui vous aideront à renverser la situation. Vous pouvez aussi changer de milieu pour faire valoriser davantage vos points forts .

Partie 2: Pratiquer le développement personnel

Trouvez des personnes à interroger. Pour vous aider à déterminer vos points forts et de vos faiblesses, vous pouvez faire un exercice de développement personnel. Cela vous aidera à trouver vos points forts en analysant ce que pensent les autres à votre sujet. Pour commencer, souvenez-vous des personnes que vous avez fréquentées. Cette réflexion vous aidera à évaluer les différentes facettes de votre personnalité dans des situations variées .

Demandez des commentaires. D'abord, proposez à vos amis de participer à votre exercice. Envoyez-leur un courriel pour les encourager à vous donner leur avis sur vos points forts. Demandez-leur de citer des cas particuliers où ils vous ont vu à l'œuvre. Assurez-vous de leur préciser que les points forts en question peuvent être fondés sur des compétences ou sur des traits de votre personnalité. Les deux types de réponses ont la même importance.

Un courriel est généralement le meilleur moyen pour procéder à cet exercice, car vous n'aurez pas à supporter la pression qui ne manquera pas de se manifester lors d'un entretien direct. De plus, le destinataire aura le temps pour réfléchir et répondre d'une manière impartiale. En outre, vous aurez des données écrites qui vous serviront à faire votre analyse plus tard .

Cherchez des similitudes. Examinez toutes les réponses pour trouver les mêmes éléments qui apparaissent dans plusieurs d'entre elles. Lisez chaque réponse et réfléchissez à sa signification. Essayez d'isoler les traits mis en évidence. Veillez à lire tout le message pour relever d'autres points forts éventuels. Après l'analyse de l'ensemble des résultats, faites une comparaison pour déterminer les traits de votre caractère qui ont été mentionnés par plusieurs personnes.

Il est préférable de construire un tableau et d'affecter une colonne pour les attributs, une colonne pour les réponses et une troisième colonne pour votre interprétation. Supposez que plusieurs personnes vous ont dit que vous travaillez bien même en étant sous pression et que vous êtes doué pour gérer les situations de crise et aider les gens en difficulté. En fait, ces commentaires signifient que vous pouvez conserver votre calme dans les situations délicates et que vous avez probablement un sens inné du commandement. Vous pouvez également comprendre que vous êtes très sociable et que vous avez de la compassion envers les autres.

Faites un autoportrait. Après l'examen de l'ensemble des commentaires que vous avez reçus, décrivez vos points forts à votre manière. Veillez à prendre en compte tous les aspects que vos amis ont mentionnés dans leurs courriels, ainsi que les traits que vous avez déduits de votre propre analyse. Vous n'êtes pas censé dresser un profil psychologique complet, mais seulement une description détaillée de vos qualités Cette description vous donnera une idée précise sur vos points forts que vous pourrez renforcer et utiliser à l'avenir .

Partie 3: Dresser une liste d'actions

Faites l'inventaire de vos actions. Réfléchissez au sujet des réponses que vous devrez apporter à certaines situations qui exigent une action, une réflexion approfondie ou la formulation d'une idée. Avant de passer aux choses concrètes, essayez de vous souvenir des réactions spontanées que vous avez eues précédemment. Ayez un journal pour y inscrire vos idées. En effet, la connaissance de vos réactions spontanées vous aidera à déterminer votre comportement dans des situations complexes ou courantes. Vous pouvez noter vos réactions pour déchiffrer vos actions et vos capacités .

Pensez à une situation dramatique que vous avez vécue. Il s'agit peut-être d'un accident de voiture ou d'un enfant qui est apparu brusquement devant vous sur la route, vous obligeant à freiner brutalement.

Comment avez-vous réagi spontanément dans cette situation ? Avez-vous gardé le silence en battant en retraite ou avez-vous relevé le défi en rassemblant les moyens nécessaires pour réagir efficacement ?

Si vous avez tenu bon et agi comme un véritable dirigeant, vous vous êtes probablement senti fort parce que vous avez été courageux et capable de contrôler la situation. Inversement, vous auriez fait preuve de faiblesse, si vous avez réagi en pleurant nerveusement ou en succombant à l'impuissance et à la colère. Efforcez-vous d'envisager les choses sous des angles différents. Par exemple, il est normal d'avoir un sentiment d'impuissance à la suite d'un accident de voiture. Cette réaction est tout à fait naturelle face au stress créé par une situation aussi difficile. Mais, si vous avez cherché de l'aide auprès d'autres personnes, c'est-à-dire une collaboration avec autrui, votre réaction aurait révélé la force de votre caractère. En réalité, pour être fort, vous n'avez pas à faire tout vous-même.

Pensez à une situation moins difficile. Souvenez-vous d'une situation moins dure, pendant laquelle vous avez été obligé de prendre une décision difficile. Par exemple, quelle est votre réaction quand vous entrez dans une salle pleine de monde ? Voulez-vous parler avec tous ceux que vous rencontrez ou préférez-vous trouver un coin tranquille et avoir une conversation avec un seul individu ? Quand une personne arrive à lier facilement connaissance avec autrui, elle a l'esprit ouvert et elle peut créer des relations sociales. Par contre, la force d'une personne tranquille réside dans sa capacité d'écouter et de nouer facilement une relation individuelle. Dans les deux cas, la personne concernée peut tirer profit de ses points forts .

Pensez à une situation surprenante que vous avez vécue. Il s'agit d'une situation inattendue pendant laquelle vous avez été obligé de réagir immédiatement. Êtes-vous capable de faire face rapidement aux situations nouvelles ? Êtes-vous en mesure de répliquer avec panache à une réflexion acerbe émanant de l'un de vos collègues ou seriez-vous enclin à prendre votre temps pour comprendre la situation, réfléchir et enfin réagir ? N'oubliez pas que parfois vos points forts peuvent présenter des failles. Si vous vivez seul en passant la majeure partie de votre temps à lire et à écrire, vous ne serez pas très fort pour parler de la pluie et du beau temps avec autrui. Par contre, vous serez parfaitement à l'aise pour construire l'intrigue d'un roman ou tenir une conversation sur des questions complexes. Vous pouvez également avoir grandi avec des frères et des sœurs plus jeunes que vous, ce qui laisse supposer que vous êtes compatissant, patient et adroit quand il s'agit de gérer une situation difficile.

Ne perdez pas de vue qu'il faut de tout pour faire un monde. Donc, ne vous étonnez pas, si votre entourage se compose de personnes différentes qui ont des points forts et des intérêts différents. Vous n'êtes pas obligé d'exceller dans tous les domaines. En fait, vous devrez vous efforcer de bien maîtriser les questions auxquelles vous attachez de l'importance. Une personne peut prétendre que sa présence d'esprit représente un atout parce qu'elle peut répliquer facilement ou résoudre rapidement les problèmes. Cependant, cette même personne a peut-être des difficultés pour se concentrer sur les détails, ce qui représente une faiblesse. Une personne qui prend le temps de réfléchir a probablement comme point fort le sens de l'organisation et de la planification. Par contre, cette personne peut avoir l'esprit lent, ce qui représente un point faible .

Partie 4: Dresser une liste de souhaits

Posez-vous des questions à propos de vos désirs. Vos souhaits ou vos envies en disent beaucoup sur votre personnalité, même si parfois vous vous efforcez de les reléguer dans un coin obscur de votre cerveau. Examinez les raisons qui vous incitent à vous livrer à des activités particulières ou à réaliser certains buts ainsi qu'aux efforts à fournir pour les atteindre. Il est très possible qu'il s'agisse de vos rêves et de vos passions qui coïncident généralement avec vos points forts . Plusieurs individus tombent dans le piège d'obéir à leur famille en devenant médecin ou magistrat alors qu'ils préfèrent être danseurs de ballet ou guide de montagne. Donc, réservez une partie de votre journal pour noter vos désirs ou vos envies.

Posez-vous la question suivante : « quels sont mes désirs dans la vie ? » Vous devrez toujours avoir au moins un objectif, même si vous êtes à la recherche d'un premier emploi ou sur le point de partir à la retraite. Il est très important de déterminer vos motivations et les raisons de votre bonheur. Précisez les choses que vous appréciez. D'abord, réfléchissez à propos de celles que vous aimez le plus. Notez vos réponses à la question suivante : « quelles sont mes activités préférées ? » Certaines personnes sont pleinement satisfaites lorsqu'elles sont confortablement installées près du feu, leur labrador à leur côté. D'autres préféreraient plutôt faire de l'alpinisme ou prendre la route et partir en voyage.

Dressez une liste des activités ou des évènements qui vous rendent heureux et vous procurent du plaisir. Très probablement, les domaines liés à vos passe-temps font partie de vos points forts. Réfléchissez à vos motivations. En plus de vos désirs, vous devrez identifier vos motivations dans la vie. Posez-vous la question suivante et notez vos réponses sur votre journal : « quand suis-je dynamique et motivé ? » Souvenez-vous des moments où vous avez été tenté de prendre le monde d'assaut ou de passer à la vitesse supérieure. Généralement, vos points forts sont liés à vos domaines d'excellence. Remarquez que plusieurs individus savent très tôt ce qu'ils veulent faire dans la vie. Parfois, certains ont refoulé leurs rêves au fond d'eux-mêmes parce qu'ils ont perdu leur naïveté et acquis plus de maturité au contact de leur famille, de leurs camarades, des conventions sociales ou de situations financières difficiles .

Partie 5: Évaluer les points forts et les faiblesses

Repensez vos faiblesses. Sachez que les faiblesses ne favorisent pas le développement personnel. En fait, les gens sont loin d'être faibles, même si parfois leur comportement ou leur manière de réfléchir donne cette impression. Toutefois, la plupart d'entre eux peuvent être plus fort dans certains domaines, leurs compétences, etc. Cependant, si certaines personnes ont des doutes, elles seront tentées de dire le contraire, lorsqu'elles décriront une situation dans laquelle il est nécessaire de travailler une question en particulier, pour se sentir plus compétentes et plus fortes . Au lieu de prendre une attitude improductive en vous concentrant sur vos faiblesses, pensez plutôt à vos potentialités de croissance et d'amélioration.

Vous devrez concevoir vos faiblesses comme inhérentes à votre personnalité. Vous chercherez probablement à vous améliorer, dans la mesure où ces faiblesses se rapportent à vos souhaits. Elles peuvent aussi n'avoir aucun rapport avec vos buts ou votre existence d'une manière générale. Il est important de faire un choix acceptable sur ce point. Vos faiblesses ne sont pas immuables. Par conséquent, prenez-les comme des facteurs que vous pouvez modifier pour vous rapprocher de l'excellence.

Identifiez les domaines à perfectionner. Ils peuvent se rapporter à des questions diverses, comme les compétences relationnelles ou professionnelles ou bien la maîtrise de soi pour vaincre un appétit démesuré. Il peut être question aussi d'une difficulté pour attraper une balle de baseball ou résoudre rapidement des équations mathématiques. Souvent, les domaines à perfectionner sont désignés par l'expression « tirer les leçons de la vie et éviter de répéter les mêmes erreurs ». Parfois, il est question de faire un effort pour remédier à un manque de compétence.
Cependant, un point faible apparent peut simplement indiquer qu'une activité particulière n'est pas faite pour vous. Il est important de le reconnaître sincèrement. Si tout le monde est capable d'exceller ou d'apprécier

toutes les activités possibles et imaginables, notre existence sera probablement très ennuyeuse .

Mettez l'accent sur vos atouts. Plusieurs personnes croient qu'il est vain de donner de l'importance aux faiblesses et de risquer ainsi de mal définir les problèmes. Par conséquent, efforcez-vous de porter votre attention principalement sur vos points forts et de les cultiver. Cette approche est la meilleure pour identifier vos propres faiblesses. Généralement, lorsque les gens font référence aux faiblesses, il s'agit simplement d'un manque d'intérêt ou du désir de s'améliorer dans un domaine particulier. Donc, il serait peut-être préférable de vous concentrer sur vos points forts et sur vos désirs et de progresser à partir de là. Soyez optimiste quand vous identifiez vos atouts, parce que vous en avez probablement plusieurs, même dans les domaines où vous vous sentez faible. Par la suite, travaillez vos points forts pour atteindre l'excellence.

Par exemple, si vous voulez vous affirmer, vous devrez d'abord commencer par réfléchir sur les compétences que vous maîtrisez déjà. Peut-être que vous avez des difficultés à dire non. Dans ce cas, vous pouvez refuser tout en ménageant la susceptibilité de votre interlocuteur. Pensez aux traits de votre personnalité qui sont associés à vos points forts. Vous risquez de négliger certains d'entre eux, comme la gentillesse, la générosité, l'ouverture d'esprit ou le sens de l'écoute. Pourtant, ces traits sont des points forts extrêmement importants, qui révèlent vos aptitudes générales. Il est préférable d'en être conscient et fier.

Il est également possible de reconnaître vos points forts en analysant vos talents, vos capacités innées et vos désirs, en particulier ceux qui cadrent avec votre sens de l'autonomie et votre vision à long terme. En d'autres termes, vous auriez dit à propos de ces choses, « ce n'était pas difficile, j'ai toujours pu réaliser telle ou telle activité » .

Dressez la liste de vos points forts et vos points faibles. À la fin de l'analyse de vos notes, passez à l'étape suivante et essayez de reconnaître vos forces et faiblesses. À l'aide des renseignements obtenus précédemment et des résultats de votre réflexion, écrivez les rubriques concernant vos points forts et celles relatives à vos faiblesses. Mettez l'accent sur la définition de vos propres atouts et de vos points faibles, en vous basant sur vos activités personnelles et professionnelles en cours, au lieu de regarder vers le passé ou de penser à vos désirs. N'oubliez pas que vous travaillez seul. Personne ne va évaluer ce que vous faites pour vous octroyer une note en fonction de vos réponses. Par conséquent, soyez honnête avec vous-même. Pour organiser vos idées, vous pouvez utiliser deux colonnes, l'une réservée aux points forts et l'autre aux faiblesses .

Comparez les deux listes. Correspondent-elles à la réalité ou avez-vous trouvé des différences ? Existe-t-il un décalage entre un prétendu point fort et votre liste d'actions ou des inscriptions qui ne corroborent pas ce que vous avez pensé ? Un conflit de ce type survient lorsque votre croyance est complètement démentie par une réalité, qui vous révèle quelque chose de totalement différent. Quel est votre avis sur les discordances entre vos désirs et vos prétendus points forts ? De telles incohérences peuvent se produire lorsque vous avez fondé vos actions non pas sur vos véritables souhaits, mais sur des éléments complètement différents, notamment des attentes ou des idées erronées sur la manière de gérer une situation donnée.

Examinez les incohérences et les incompatibilités. Analysez vos différentes listes et recherchez les incompatibilités et les incohérences éventuelles. Essayez de trouver les raisons pour lesquelles certains points forts et certaines faiblesses ne coïncident pas avec vos prévisions. Il est possible que vous ayez l'impression de profiter ou d'être motivé par certaines choses, mais qu'en réalité, ce n'est pas le cas. Vos listes vous aideront à relever de telles incohérences. Concentrez-vous sur les différences et efforcez-vous de délimiter les situations en rapport avec les domaines concernés. Par exemple, vous avez écrit que vous voulez devenir chanteur, mais sur vos listes, vous avez noté que vous êtes bon dans les matières scientifiques ou en médecine. Un médecin-chanteur pourrait être une nouveauté, mais avouez que les deux professions diffèrent considérablement. En fait, vous devrez déterminer le domaine qui vous motivera réellement à long terme.

Demandez l'avis de vos amis ou de votre famille. Proposez à l'un de vos amis ou à un membre de votre famille de vous fournir des commentaires constructifs. Un examen fait par vous-même peut vous donner quelques réponses. Cependant, un avis externe vous aidera à confirmer vos observations ou même briser certaines de vos illusions. En votre qualité de membre d'une communauté, vous savez nécessairement qu'il est indispensable d'écouter les commentaires positifs émanant d'autrui. Il est important de ne pas vous mettre sur la défensive. Évitez aussi de considérer que vous faites l'objet d'une attaque personnelle, simplement parce qu'une personne vous suggère de procéder à quelques améliorations. Au besoin, vous devrez avoir la force nécessaire pour tirer profit d'un commentaire constructif et l'intégrer dans votre routine quotidienne.

Si vous avez des doutes sur la sincérité d'un membre de la famille, choisissez quelqu'un qui vous dira la vérité, sans essayer de vous dorer la pilule ou dissimuler vos faiblesses. Trouvez une personne indépendante et neutre, de préférence un collègue ou un accompagnateur, qui vous donnera un commentaire honnête et constructif. Demandez des avis à propos de vos listes. Il est préférable de s'adresser à une personne impartiale pour examiner et commenter vos listes. Une observation pourrait être formulée de la manière suivante : « comment expliquez-vous la lenteur de votre réaction dans une situation urgente donnée ? » L'observateur externe peut même rappeler une situation critique que vous avez oubliée et pendant laquelle vous avez été le héros du jour.

Cherchez l'aide d'un professionnel. Si vous rencontrez toujours des difficultés ou si vous préférez bénéficier d'une assistance externe, demandez à un professionnel de vous aider à reconnaître vos points forts et faiblesses. Certains cabinets d'experts peuvent vous assister en matière d'élaboration de profils psychologiques. Ces cabinets travaillent souvent pour le compte d'agences de recrutement . Vous pouvez aussi subir un test payant pour faire examiner votre personnalité et vos compétences professionnelles par un psychologue. Ce test ne vous permettra pas nécessairement de connaître votre personnalité à fond. Cependant, il peut vous fournir des éléments de réflexion sur vos points forts et vos faiblesses. À partir de là, vous aurez une idée plus claire sur la question. Un bon test devrait être suffisamment étoffé pour faire ressortir les aspects saillants de votre personnalité. Après avoir passé un test de ce genre, veillez à demander directement au psychologue de vous aider à reconnaître vos points forts et à remédier à vos faiblesses.

Il y a aussi des tests en ligne que vous pouvez faire pour évaluer et reconnaître vos forces et faiblesses. Recherchez les tests publiés par des organismes réputés, qui ont été revus par des psychologues diplômés ou des spécialistes qualifiés. Si le test n'est pas gratuit, faites d'abord des recherches sur l'organisme qui le propose pour vous assurer que l'épreuve en vaut la peine.

Réfléchissez sur vos conclusions. Après l'évaluation de vos forces et de vos faiblesses, prenez le temps de réfléchir sur vos conclusions. Si nécessaire, travaillez sur vos faiblesses afin d'y remédier et vous améliorer.

Inscrivez-vous à une formation appropriée ou trouvez des activités pour maîtriser vos faiblesses. Par exemple, si vous ne voulez pas être pris au dépourvu lors d'une situation inattendue, exercez-vous à être dans des situations similaires. Vous pouvez faire partie d'une troupe théâtrale locale, pratiquer un sport d'équipe ou du karaoké. Examinez la possibilité de suivre une thérapie ou apprendre à parler de vos craintes et de vos préoccupations. Pensez à consulter un thérapeute, si une formation ou l'adhésion à une troupe théâtrale ne fait pas l'affaire ou si vous avez une anxiété ou des craintes profondes qui vous empêchent de progresser.

Évitez le perfectionnisme. Efforcez-vous à ne pas vous accrocher à vos faiblesses. En effet, si vous le faites, vous risquerez de tomber rapidement dans un perfectionnisme improductif qui peut réellement vous empêcher de réussir. Il est préférable de commencer par des compétences que vous maîtrisez parfaitement. Par la suite, vous pourrez travailler certains détails pour rehausser ces compétences et vous améliorer progressivement .

Par exemple, vous souhaitez peut-être devenir un excellent communicateur. Après une réflexion personnelle, vous pourrez conclure que vous avez vraiment le sens de l'écoute, ce qui représente un point fort en soi. En revanche, il s'agira d'une faiblesse, si vous vous fermez comme une huître lorsque vous devez prendre la parole. Vous pouvez décider de travailler votre élocution et vous exercer à déclamer, à de courts intervalles, une phrase ou deux pendant la conversation.

Une approche perfectionniste consisterait à penser qu'en raison de votre difficulté à parler en public, il est inutile de travailler sur la question, car de toute façon vous ne ferez que des erreurs. Reconnaissez plutôt que les erreurs font partie de votre apprentissage et n'ayez pas peur d'en faire pendant vos exercices de développement personnel.

Ne niez pas les instants privilégiés de votre vie. Tout le monde peut exceller dans quelque chose. Parfois, vous faites une action pour la première fois et vous vous apercevez que vous l'avez réussie, comme si vous n'aviez fait que cela pendant toute votre existence.

Il peut être question de sport, d'art, d'activités créatives, d'une relation avec des animaux ou du remplacement de quelqu'un qui est retenu par son travail ailleurs. Votre expérience sera probablement différente de celle d'autrui. Cependant, quand vous êtes en situation, profitez-en pour vous améliorer et atteindre votre vrai potentiel.

Partie 6: Réussir un entretien d'embauche

Tirez profit de vos points forts et vos faiblesses. Vous pouvez utiliser toutes vos nouvelles connaissances pour réussir vos entretiens d'embauche. Pensez à la façon dont vos points forts et vos faiblesses peuvent vous aider à accomplir l'emploi auquel vous postulez. Pendant votre préparation, identifiez les tâches requises par l'emploi en question et souvenez-vous des périodes pendant lesquelles vous avez été confronté à des tâches semblables. Quels sont les traits de votre caractère qui seraient un point fort ou une faiblesse pour l'exécution de ces tâches ?

Par exemple, si vous posez votre candidature pour un emploi d'informaticien, parlez de vos points forts qui ont trait à l'informatique ou à la résolution des problèmes. Toutefois, il n'est peut-être pas indiqué de parler en détail de votre adresse au ping-pong, sauf si l'employeur semble donner de l'importance à cette question.

Soyez confiant et honnête. Lorsque vous êtes invité de parler de vos qualités, efforcez-vous d'être honnête en décrivant vos points forts. Un recruteur n'est pas simplement curieux quand il vous pose des questions sur vos forces et vos faiblesses. Il cherche surtout à déterminer votre aptitude à parler de vous-même. Des compétences sociales et une capacité à se vendre soi-même représentent aujourd'hui des atouts nécessaires pour prétendre à occuper la majorité des emplois offerts sur le marché. En vue de se faire une idée sur la question, un recruteur commence généralement par déterminer l'aptitude et l'aisance avec laquelle le candidat se décrit lui-même .

Pratiquez les techniques d'entretien. Afin de vous exercer, organisez des entretiens d'embauche fictifs avec une autre personne. Demandez à un ami de vous poser des questions et exercez-vous à lui faire une description de vous-même. Faites cet exercice plusieurs fois avec des personnes différentes pour apprendre à parler plus facilement de vos points forts et de vos faiblesses. Au début, vous aurez l'air de lire un script, mais après un certain temps, votre comportement sera plus naturel. Avant de commencer l'entretien, pensez à des cas concrets pour mettre en évidence vos points forts. Les recruteurs ne cherchent pas à connaître ce que vous pensez de vos points forts, mais ils vous demanderont probablement de démontrer vos aptitudes en illustrant vos propos par des cas concrets. Réfléchissez sur ces cas. Vous pouvez les inscrire sur une liste, pour bien vous préparer avant de vous présenter à l'entretien.

Ainsi, au lieu de dire « l'un de mes points forts consiste à donner une importance extrême aux détails », citez un cas concret. Par exemple : « dans mon emploi précédent, j'ai été chargé de vérifier tous nos budgets mensuels. Dans plusieurs cas, j'ai relevé des erreurs qui auraient coûté beaucoup d'argent à la société. Ma méticulosité me sera très utile pour servir votre entreprise ».

N'essayez pas de faire des pirouettes. Les employeurs potentiels ne sont pas dupes. Ils peuvent déceler très facilement des banalités. En effet, ils posent des questions à des centaines de candidats à un seul emploi. Mais, la plupart des candidats avancent d'abord un point fort, qu'ils transforment plus tard en faiblesse. D'autre part, vos points forts peuvent ne pas être considérés comme tels par un employeur qui donne de l'importance à la souplesse et au travail en équipe. Des réponses inappropriées dénotent souvent une mauvaise connaissance de soi. Voici quelques erreurs fréquentes que vous devrez éviter.

« Je suis perfectionniste et je n'accepte pas les erreurs ». En général, un employeur considère que le perfectionnisme n'est pas un véritable atout, car il suppose l'application de normes irréalistes, qui finissent par retarder la réalisation de tâches courantes.

« Je suis obstiné et je ne laisse rien passer ». Cette déclaration peut dénoter un manque de souplesse et une difficulté à s'adapter aux nouveautés.

« Je m'efforce de maintenir un bon équilibre entre mon travail et ma vie privée parce que je travaille dur ». Cette déclaration peut cacher votre difficulté à prendre soin de vous-même. Probablement, vous finirez par casser votre élan ou vous deviendrez un mauvais collègue.

Soyez honnête concernant vos faiblesses. Répondez clairement lorsque l'enquêteur vous pose une question au sujet de vos faiblesses. La question n'aurait pas de sens si vous vous êtes limité à vous décrire d'une manière flatteuse. L'enquêteur ne cherche pas cela. Il voudrait plutôt se faire une idée sur votre savoir-faire et vous donner l'occasion de parler largement de vous-même pendant l'entretien. Voici quelques points sur lesquels vous pouvez réfléchir .

- Avoir un sens critique trop poussé.
- Se méfier des supérieurs ou des collègues.
- Être trop exigeant.
- Tergiverser.
- Être très bavard.
- Être trop sensible.
- Manquer de confiance en soi.
- Manquer de tact dans les relations sociales.

Reconnaissez vos difficultés. Vous devrez remédier à certaines de vos faiblesses et déterminer leur impact sur votre rendement. Vous aurez du mérite pour parler de vos défis et de leur influence potentielle sur votre rendement au travail. Cela dénote une certaine authenticité, mais vous aurez encore besoin de vous exprimer avec tact .

Par exemple, vous pouvez dire que pour le moment vous avez tendance à tergiverser. Continuez en affirmant : « je me rends compte que cela affecte le volume de mon travail et d'une manière indirecte, celui de mes collègues. À l'université, j'ai réussi à me débarrasser de ce comportement, car je connaissais le système et j'avais trouvé un moyen pour m'y adapter et réaliser mon travail correctement. À présent, je me rends compte que mon stratagème est inefficace dans un cadre professionnel, parce que ce n'est pas vraiment une bonne façon de travailler pour atteindre mes objectifs et progresser ».

Expliquez au recruteur les solutions que vous avez apportées à votre problème. Encore une fois, il est préférable d'être pratique et de ne pas tomber dans l'idéalisme. Une réponse parfaite pourrait sembler irréaliste. Vous aurez aussi l'air d'essayer de vous surévaluer . Par exemple, vous pouvez dire les choses suivantes : « actuellement, je m'efforce sérieusement à réduire ma tendance à tergiverser. Je me suis fixé des délais assortis de stimulants qui m'encourageront à aller de l'avant. Ainsi, j'ai nettement plus de chances de résoudre mon problème rapidement ».

Soyez confiant en parlant de vos points forts. Vous devrez paraître sûr de vous-même, mais sans prétention. Veillez à présenter vos réalisations et vos compétences avec humilité. Bien sûr, essayez de choisir des points forts que vous pourrez appliquer dans l'entreprise ou l'organisation à laquelle vous postulez. Les points forts peuvent être classés en trois grandes catégories.

- Les aptitudes basées sur le savoir, telles que l'informatique, les langues ou le savoir-faire technique.
- Les compétences transférables, comme la communication, la gestion des ressources humaines ou la résolution de problèmes.
- Les attributs personnels, tels que les relations sociales, la confiance et le manque de ponctualité .

Fournissez des exemples lorsque vous parlez d'un point fort. C'est très bien de prétendre que vous avez des compétences extraordinaires, mais la question devient complètement différente quand vous devrez le démontrer. Montrez que vos points forts sont réalistes en fournissant des exemples à partir de votre expérience sociale ou professionnelle. Voici quelques idées.

« Je suis un très bon communicateur. Je fais attention à mes paroles et je cherche toujours à m'exprimer clairement. Lorsque je ne comprends pas quelque chose, je n'hésite pas à demander des explications à quelqu'un qui est plus expérimenté que moi. Je prends le temps d'imaginer les différentes interprétations que d'autres peuvent faire en écoutant mes paroles ou mes déclarations. »

Vous pouvez également montrer vos forces et vos compétences en partageant vos réussites antérieures. Si vous avez gagné un prix ou une récompense, n'hésitez pas à le mentionner.

Conseils

Faites attention aux faux désirs lorsque vous dressez la liste de vos aspirations. En fait, un faux désir est basé sur une croyance erronée. Par exemple, si vous supposez que vous êtes fait pour travailler au ministère des Affaires étrangères parce que vous souhaitez habiter Paris, Londres ou Rio. De même, si vous voulez devenir une vedette de cinéma dans le but d'assister à des réceptions extraordinaires et vous marier avec une femme riche. Des désirs de ce type ne sont pas de vrais désirs, car ils manquent de réalisme. Ils ne vous donneront pas l'occasion d'avoir une vie bien remplie. Il s'agit tout simplement de fantasmes qui enflamment votre imagination. Sachez faire la différence entre une aspiration et un rêve insensé, pour ne pas construire votre existence sur une grave erreur ou une fantaisie. Au lieu de cela, choisissez vos aspirations en tenant compte de vos points forts et de votre sens de la responsabilité.

Il faut du temps pour vaincre une faiblesse. Par conséquent, accordez-vous une pause si vous n'arrivez pas à trouver des solutions immédiates. De même, ne vous obstinez pas à vouloir modifier une faiblesse en un point fort. D'abord, tentez d'éviter les difficultés en améliorant vos compétences. C'est une démarche qui est à votre portée. Ensuite, essayez de maintenir vos points forts et de les renforcer. Cette méthode est logique, car elle s'appuie sur des atouts que vous possédez naturellement.

Avertissements

Pendant un entretien d'embauche, ne vous vantez jamais à propos de vos points forts et ne vous lamentez pas concernant vos faiblesses. Soyez constructif et montrez que vous avez déjà commencé à travailler pour remédier à vos faiblesses. Comme pour les points forts, vos faiblesses doivent être réelles. Soyez suffisamment humble et ne claironnez pas votre succès trop fort. Surtout, ne pensez pas que votre projet est voué à l'échec parce que vous avez une faiblesse à côté de vos points forts. Chacun de nous a des défis à surmonter. Mettez-vous à la place d'un recruteur et imaginez sa réaction en face d'un individu qui n'arrête pas de prétendre qu'il incarne la perfection sur terre.

c. Les gestes qui vous trahissent

Orientation du regard, mouvement des mains, balancement du corps... Autant d'attitudes et gestes anodins qui traduisent votre état d'esprit. Décryptage.

C'est parce qu'on ne les contrôle pas vraiment qu'ils transmettent beaucoup d'informations à vos interlocuteurs. En un mot, vos gestes parlent pour vous. La gestuelle est un langage non-verbal et inconscient que l'on peut apprendre à décrypter. Elle exprime ce que l'on ressent, dévoile qui on est et trahit ce que l'on cache. C'est ce que pense Jean-Pierre Veyrat, créateur de la morphogestuelle et expert en analyse du comportement observable. Attention cependant à ne pas coller d'étiquette trop hâtivement : la gestuelle ne veut rien dire hors d'un certain contexte. Seules les mimiques, telles que le sourire, sont 100% fiables car anatomiques, correspondant à des émotions universelles.

Les mains attestent de votre discours

Si les Italiens sont très bavards et parlent à grand renfort de gestes des mains, ils demeurent néanmoins cohérents dans leur attitude. Qu'en est-il autrement ? Le mouvement des mains informe sur l'authenticité ou la spontanéité du discours. Une personne qui a les mains figées maîtrise ses réponses. Selon Jean-Pierre Veyrat "les mains qui s'éloignent du corps témoignent souvent de la véracité du discours et viennent renforcer celui-ci telle une illustration". Au contraire, des mains qui restent proches ou au contact du corps indiquent que l'interlocuteur n'est pas à l'aise, voire qu'il ment.

Des regards qui en disent long

Le regard est ce qui est le plus expressif dans un visage. C'est aussi une source d'informations sur le processus de pensée. Souvent, il révèle un effort de mémoire. "Ainsi, précise Jean-Pierre Veyrat, la PNL (Programmation neurolinguistique) a démontré que lorsqu'on interroge quelqu'un on distingue, en étant placé en face de lui, trois clés d'accès visuelles. Si son regard est orienté vers le haut, il évoque des images déjà vues. Le regard de face, les yeux mi-clos : la personne entend des sons connus, cherche une voix. Vers le bas, elle éprouve des sensations, des émotions, fait appel à ses souvenirs." D'un autre côté, le regard a une fonction de reconnaissance de l'autre lors d'un échange ou d'une discussion.

La gestuelle associée au discours

Observez par exemple une personne qui vous pose une question. Si elle se gratte simultanément la tête, c'est qu'elle est alors en train de chercher elle aussi la réponse qu'elle n'a pas. Maintenant, si elle se frotte le menton, vous pouvez imaginer qu'elle détient déjà une réponse, mais qu'elle n'en est pas tout à fait sûre et cherche votre aval sur le sujet. Enfin, si jamais elle se passe la main dans le cou, c'est sans doute car elle a la réponse mais redoute votre réaction.

Des micro-caresses apaisantes

Certains gestes indiquent que la personne à besoin de se rassurer, l'aident à se sentir bien, à se détendre. Selon Jean-Pierre Veyrat ce sont des micro-caresses : le fait de lisser une mèche de cheveux dans ses doigts, de se frotter les mains, de se toucher les lèvres ou le nez du bout des doigts. C'est la même chose pour les personnes qui vont fumer une cigarette ou qui se rongent les ongles.

Un masque identitaire

L'expression du visage exprime souvent ce qui ce passe en vous. Pour Jean-Pierre Veyrat, "le visage occupe une fonction prépondérante dans le langage morphogestuel, non pour ses formes, qui n'ont aucune signification en dépit de ce que prétendent certains, mais pour son extraordinaire concentration de moyens d'expression ainsi que pour ses étonnantes possibilités d'évolution." Le visage conserve, à travers les rides d'expression, l'empreinte de vos émotions - joie, peur, colère - qui se manifestent par des mimiques comme les froncements du front ou du nez, les sourires, les moues...

Ça vous démange ?

Lors d'une discussion, d'un entretien d'embauche ou d'un simple repas, ne vous arrive-t-il jamais de vous gratter, par exemple le bras ? Souvent c'est un signe d'impatience ou d'exaspération, d'envie de passer à autre chose. Dans d'autres cas, le fait de se gratter révèle une situation de malaise. Il peut s'agir d'un geste compulsif signifiant que la personne garde quelque chose au fond d'elle-même qu'elle voudrait - ou n'arrive pas - à exprimer. Enfin, si l'on vous pose une question, se gratter peut-être interprété comme un signe de réflexion.

La posture du corps

"Dans un rapport à la verticalité, l'extension du corps se rattache à une attitude de domination ou de quant-à-soi, explique Jean-Pierre Veyrat. Une personne contractée montre une attitude de soumission." Quant au mouvement, il traduit lorsqu'il se porte vers l'avant, les bras et les jambes non croisés, détendu, une attitude de partage et d'ouverture aux autres. Vers l'arrière, il s'agit d'une attitude de fuite et de crainte.

Un vis-à-vis éloquent

Les postures apprennent les relations entre deux personnes. Elles reflètent le sentiment que vous avez de vous-même ou bien de votre disponibilité vis-à-vis des autres. D'après Jean-Pierre Veyrat, la distance entre deux personnes est par excellence la composante sociale de la gestualité. Le corps est utilisé à des fins relationnelles pour dire, par le biais de distances et de contacts socialement autorisés, "Voilà comment je me situe par rapport à vous et comment vous devez vous situer par rapport à moi". En outre, la position de face-à-face est typique d'une communication directe et réciproque où chacun se regarde dans les yeux, cherche l'échange, expose son point de vue et veut persuader. S'il faut rivaliser, marchander ou vendre, les personnes se placent face-à-face. S'il s'agit d'une conversation neutre, les personnes se placent en angle.

La posture assise

Une personne stressée ou bien intéressée va changer de posture, faire un micro-mouvement. Une posture assise de trois quarts sur un siège reflète une mise en confiance, une ouverture, parfois un aparté dans une discussion. Elle permet d'instaurer une certaine décontraction, de mettre à l'aise son interlocuteur. "La position de trois quarts est chère aux diplomates, souligne Jean-Pierre Veyrat. C'est un positionnement idéal de compromis, qui empêche toute confrontation trop agressive, ainsi que toute sollicitation trop directe des pensées de l'autre." Attention au retour de manivelle lorsque votre interlocuteur dans cette position revient à un face-à-face : d'une certaine manière il recadre la discussion.

Des pieds très bavards !

Les pieds et les jambes représentent une partie du corps humain des plus sincères. Lors d'un moment de pression intense, il arrive que vous vous dandiniez, tapez du pied, sautiez d'un pied sur l'autre. "Ces gestes ne sont pas facilement contrôlables en position assise", note Jean-Pierre Veyrat. Lors d'un entretien, le fait de croiser les jambes, ou même les bras, est un geste de protection ou de résistance.

Chapitre 2 : Comprendre la communication non-verbale

La compréhension du langage corporel peut mener au succès autant dans la vie personnelle que professionnelle puisque la communication non verbale constitue jusqu'à 60 % du sens dans une communication entre deux personnes. En observant les signaux que les gens envoient avec leurs corps et en étant capable de les lire efficacement, vous acquerrez une compétence utile. En faisant un petit peu plus attention que d'habitude, vous pouvez apprendre à lire de manière précise le langage corporel et avec suffisamment de pratique, cela peut devenir une seconde nature.

a. Analyse et interprétation psychologiques des comportements corporels

Dans une interaction interpersonnelle, l'échange se fait avec des mots mais aussi avec le corps. La communication s'accompagne de mouvements apparaissant dans des zones corporelles aussi variées que la tête, le visage, les mains et les bras, le tronc ou les jambes. Chacun des communicants émet des comportements corporels (gestes, regards, mimiques faciales, postures, distance interpersonnelle) et répond à ceux de l'autre. Ces comportements jouent un rôle important dans l'échange d'informations et la régulation de l'interaction sociale. L'orientation du regard, les hochements de tête, la posture corporelle, la distance interpersonnelle ou les expressions faciales renseignent les partenaires de l'interaction sur leurs intérêts, leurs intentions, leurs attitudes et leurs états émotionnels respectifs. Mais les comportements corporels peuvent aussi être considérés comme participant, au même titre que le discours, à l'effort de communication. C'est le cas des gestes des mains qui sont utilisés et façonnés de manière à rendre les représentations du locuteur visibles pour le partenaire de l'interaction, par exemple en figurant les formes, les actions ou les relations énoncées verbalement.

Dans la communication, l'activité corporelle est en général spontanée et se manifeste en dehors de la conscience. On la considère donc souvent comme un langage naturel qui ne ment pas, permettant un accès privilégié pour connaître et comprendre l'autre. Cela peut expliquer le succès des ouvrages de vulgarisation qui offrent le code par lequel l'individu se révèle dans ses comportements visibles. La situation de mensonge en est un bon exemple. La plupart des personnes pensent qu'il est aisé de distinguer le vrai du faux dans une communication simplement en observant les signaux non verbaux du menteur qui gesticule nerveusement et évite le contact visuel. La série américaine « Lie to me » dans laquelle un expert en sciences sociales résout des crimes grâce à son habilité à lire naturellement et instantanément la communication non verbale en est une bonne illustration. Or, les travaux de psychologie montrent que si les personnes ont une grande confiance dans leur capacité à détecter le mensonge, le menteur est rarement démasqué. Les professionnels ne sont d'ailleurs pas épargnés. Les policiers habituellement confrontés à des situations de mensonge ne sont pas meilleurs que l'individu tout venant, même si la confiance dans leurs propres jugements est plus importante.

On a longtemps pensé que le corps véhicule une série d'informations affectives, cognitives et régulatrices dont le discours n'est pas clairement pourvu. Les messages corporels seraient alors spontanément décodés et interprétés par le partenaire de la communication. L'ancrage de ce point de vue est ancien. Ainsi, Sapir disait des gestes « que nous y sommes extrêmement sensibles, et nous y réagissons comme d'après un code, secret et compliqué, écrit nulle part, connu de personne, entendu par tous ». Selon Rimé, cela implique l'existence d'un système de signaux socialement partagés au moyen duquel la personne rend publique son expérience à un autre individu qui y répond. Or, certains auteurs relativisent l'importance de ce code tacite non verbal. Il faut aussi prendre en compte le processus d'attribution à la base d'une représentation de l'état de la personne. Trop souvent, les inférences de l'observateur sont en dernière analyse interprétées comme des communications significatives du sujet. Pour reprendre l'exemple du mensonge, on peut dire que, comme le nez de Pinocchio qui s'allonge, l'évitement du regard devient un signe évident de mensonge. Or, le menteur n'évite pas plus le contact visuel que celui qui ne ment pas. Dans ce cas, il s'agit plus d'une inférence que d'une réalité.

La communication non verbale est actuellement un domaine de recherche en plein développement.

L'émergence de travaux sur le geste et sur la communication dans un environnement virtuel inscrit l'étude des mouvements du corps dans une perspective pluridisciplinaire. De nombreuses disciplines comme la psychologie, l'anthropologie, la sociologie, la linguistique, les sciences cognitives, la médecine ou encore l'éducation sont concernées. Cela nécessite de disposer de méthodologies adéquates, transposables et transdisciplinaires pour l'analyse et l'interprétation des comportements corporels qui nous intéressent ici. Cette section se propose de présenter les outils théoriques et méthodologiques de la psychologie qui permettent cette analyse et cette interprétation.

Après avoir situé l'étude de la communication non verbale dans un contexte historique, différents points seront présentés et discutés : la nature du lien entre les comportements non verbaux et leurs référents, les approches et méthodes qui permettent de les décrire et d'en inférer une signification. Il s'agira de mettre en évidence les problèmes et les limitations rencontrés dans la saisie de la signification et proposer une perspective qui prenne en compte le contexte cognitif, verbal, physique et social dans l'interprétation des comportements non verbaux.

Le contexte historique de l'étude des comportements non verbaux

L'intérêt pour les mouvements du corps est ancien. Il apparaît déjà dans les écrits des philosophes et auteurs de l'antiquité grecque et latine qui soulignent leur importance dans la rhétorique. Pour Aristote, dans Politique (IVe siècle av. J.-C.), les gestes et les mimiques faciales font partie de l'expression humaine et peuvent être utilisés par l'orateur pour dominer les foules et en contrôler les sentiments. Ils restent néanmoins un langage primitif qui éloigne l'orateur de l'idéal de discours fondé sur les principes de la raison. Cicéron, dans De Oratore (Ie siècle av. J.-C.), décrit les mouvements gestuels et les compositions du visage qui s'accordent avec ce que l'on dit, donnent au discours plus d'autorité et nous rapprochent de l'auditeur à instruire ou à persuader. À sa suite, Quintilien, au Ie siècle après J.-C, considère, dans L'institution Oratoire, que les gestes procèdent naturellement de la pensée, simultanément aux mots. Ils constituent un langage naturel et universel qui permet à l'orateur de souligner la force de ce qui est dit. Ces conceptions anciennes ont eu une influence sur les approches théoriques de Darwin et de Wundt dont la psychologie héritera.

Charles Darwin inaugure l'étude empirique des comportements non verbaux dans deux perspectives déterminantes pour les approches psychologiques actuelles. La première s'inscrit dans la théorie de l'évolution et pose que les expressions faciales sont avant tout déterminées biologiquement. Dans L'expression des émotions chez l'homme et les animaux, Darwin écrit :

« Aussi longtemps que l'homme et les autres animaux seront considérés comme des créations indépendantes, il est certain qu'un obstacle invincible paralysera les efforts de notre curiosité naturelle pour poursuivre aussi loin que possible la recherche des causes de l'expression. (...) Certaines expressions de l'espèce humaine, les cheveux qui se hérissent sous l'influence d'une terreur extrême, les dents qui se découvrent dans l'emportement de la rage, sont presque inexplicables si l'on n'admet pas que l'homme a vécu autrefois dans une condition très inférieure et voisine de la bestialité ».

Ce point de vue est à la base de la controverse encore actuelle sur l'innéité ou l'apprentissage social des comportements non verbaux. La seconde perspective qui caractérise l'apport de Darwin concerne l'utilisation communicative des mouvements expressifs du visage et du corps. Pour Darwin,

« Ils sont les premiers moyens de communication entre la mère et l'enfant ; elle sourit en signe d'approbation et encourage de cette manière son enfant à marcher dans la bonne voie ; elle fronce le sourcil en signe de désapprobation. Nous découvrons bien vite la sympathie de ceux qui nous entourent, grâce à leur expression; nos souffrances en sont adoucies, nos plaisirs augmentés, et c'est ainsi que se fortifient les bons sentiments mutuels. Les mouvements de l'expression donnent de la vie et de l'énergie au discours, ils révèlent parfois les pensées et les intentions d'une manière plus vraie que les paroles, qui peuvent être menteuses ».

Cette approche communicative des mouvements expressifs ouvre la voie au courant éthologique qui décrit les interactions sociales au cours desquelles les partenaires s'ajustent les uns aux autres par l'émission et l'interprétation de signaux non verbaux souvent subtils. Par exemple, Zivin observe qu'en situation de conflit pour un jouet attractif, le jeune enfant qui élève le menton est souvent celui qui l'obtient et le garde. L'abaissement du menton et l'évitement du regard sont par contre associés à l'échec dans l'obtention du jouet convoité.

Dans une perspective linguistique et anthropologique, Wundt considère les mouvements du corps, et les gestes en particulier, comme une forme primitive du langage articulé. En analogie avec le langage, les mouvements corporels doivent être abordés comme des phrases gestuelles et non comme des gestes élémentaires. Ils constituent un système d'éléments signifiants, structuré par des règles et présentant divers niveaux d'organisation. Il s'agit de découvrir les règles qui gouvernent les séquences non verbales et de les analyser selon les procédés de la linguistique structurale. Wundt souligne également la nature sociale du langage dont l'existence dépend de l'interaction entre individus.

Dans ce sens, les sociétés humaines vont différer les unes des autres par leur langage verbal mais aussi corporel. Dans le cadre de cette vision anthropologique, il s'agit de faire l'inventaire des pratiques gestuelles et corporelles dans différentes sociétés, de les comparer et d'expliquer leurs spécificités. Selon Feyereisen et de Lannoy, ces perspectives ont en commun de se heurter « de manière symétrique à la question des relations entre mouvements expressifs et langage d'un côté, à celle du fonctionnement des signes de l'autre ». Différents questionnements sont soulevés qui concernent les aspects à la fois individuels et sociaux des comportements non verbaux : Comment comprendre les signes que trace le corps ? Que renseignent-ils des intentions, des intérêts, des sentiments, des idées, du tempérament de celui qui les émet ? Comment appréhender le code visible qui lie l'acte à ce qu'il signifie ? Existe-t-il un langage du corps analogue au langage verbal dans le sens où des significations précises sont associées à des mouvements spécifiques ? Quelles relations les comportements verbaux et non verbaux entretiennent-ils dans la communication ? Le contexte de la communication joue-t-il un rôle dans l'interprétation des signaux non verbaux ? Pour y répondre, il convient avant tout de préciser la nature du phénomène non verbal observé et les conditions de communication dans lesquelles il apparaît. Ainsi, on observe par exemple que le comportement qui consiste à se couvrir les yeux avec la main apparaît fréquemment dans les communications de personnes dépressives éprouvant des sentiments de honte. Ce geste peut être considéré comme le reflet de l'état émotionnel de la personne. Mais il peut aussi être réalisé pour communiquer à autrui la honte ressentie.

Relation signe non verbal - référent

Chaque mouvement ou modification d'un segment corporel pourrait être considéré comme non verbal. Mais cela ne signifie pas que chaque action constitue un moyen de communication possédant un codage spécifique. Le codage, ou relation entre un signe et son référent, peut être décrit selon trois grandes dimensions : (1) discret versus continu, (2) invariant versus probable, et (3) arbitraire versus iconique. Les signes verbaux sont généralement codés de manière discrète, invariante et arbitraire. Le mot signifie ou non une chose particulière. Cette signification sera la même au sein d'une même communauté linguistique. La nature du mot n'est pas déterminée par la nature de la chose signifiée. La relation entre signe et référent est plus complexe lorsqu'il s'agit d'actes non verbaux. Parfois, il arrive que le codage soit analogue à celui des signes verbaux (discret, invariant, arbitraire) comme dans les langues des signes où les gestes sont issus de répertoires et fonctionnent en séquences organisées, à la manière des mots dans l'énoncé verbal. C'est aussi le cas de certains gestes symboliques, ou emblèmes, ayant une signification précise à l'intérieur d'une culture ou d'un groupe social. Par exemple, le geste « OK » marquant l'accord se manifeste, en France, pouce levé sur un poing fermé alors qu'aux États-Unis, il est formé d'un cercle du pouce et de l'index. Ces emblèmes ont acquis des significations conventionnelles et sont utilisés comme des émissions communicatives autonomes.

Mais dans la plupart des cas, les signes non verbaux sont codés de manière continue, probable et iconique. En effet, un signe corporel peut se modifier selon l'étendue ou la force du référent ; par exemple, l'intensité d'une expression faciale (froncement des sourcils) peut varier de manière continue avec l'intensité de l'émotion (colère). Il peut avoir une signification seulement dans certaines situations, pour certaines personnes ou pour certaines cultures ; par exemple, les aborigènes de Nouvelle Guinée ne reconnaissent pas les expressions faciales de peur. Enfin, il peut faire partie de la chose signifiée et en être une représentation iconique, par similarité comme le geste qui dessine l'escalier en spirale décrit verbalement, ou par contiguïté spatiale comme le geste qui pointe l'objet.

La signification d'un comportement corporel peut être idiosyncrasique ou partagée socialement. Dans le premier cas, elle est spécifique à un individu ou à une seule autre personne comme le geste émis par un jeune enfant et compris par sa seule mère. Dans l'autre cas, la signification est la même pour une série de personnes. C'est ce second cas qui nous intéresse pour déterminer les conditions de communication dans lesquelles apparaissent les signes non verbaux. Dans une situation sociale de communication, chacun émet des comportements non verbaux (encodage non verbal) et réagit aux comportements non verbaux de l'autre (décodage non verbal). En fonction des conditions d'encodage et de décodage, on peut distinguer les comportements non verbaux informatifs, communicatifs ou interactifs. Un comportement est informatif lorsqu'il possède une signification pour les personnes qui le décodent indépendamment de l'intention de la personne qui l'émet. L'accent est porté sur la signification partagée lors du décodage. Il n'est pas nécessaire que cette signification soit exacte. C'est par exemple le cas du mensonge précédemment décrit.

Les mouvements de nervosité et l'évitement du regard sont supposés informer du mensonge alors qu'ils n'y sont pas systématiquement liés. Un comportement non verbal est communicatif lorsqu'il est émis dans le but de transmettre une signification socialement ou culturellement partagée. Une personne peut accentuer une mimique faciale de dégoût si elle désire informer son partenaire que la nourriture a mauvais goût. En raison d'une signification émotionnelle partagée, le message sera aisément décodé. Enfin, un comportement non verbal est considéré comme interactif lorsqu'il influence ou modifie, consciemment ou non, le comportement de l'autre. Dans une conversation, des mouvements corporels subtils (geste, orientation du regard, expression faciale) sont associés à l'alternance des rôles de locuteur et d'auditeur. De même, le geste de la main dirigé par le locuteur vers son auditeur incite celui-ci à répondre ou à prendre la parole. Une place prépondérante est accordée ici aux comportements non verbaux dans la régulation de l'interaction sociale.

Il faut souligner que les frontières entre les différents usages des comportements non verbaux dans la communication ne sont pas imperméables. Une même expression faciale (la mimique de colère par exemple) peut informer d'un état émotionnel (renseigne sur l'état de colère de l'émetteur), signaler à l'autre une émotion (« attention, je suis en colère ») et influencer son comportement (maintenir l'autre à distance). L'expression faciale peut alors être considérée comme un signal qui provoque chez l'autre une réponse adaptée. L'interdépendance des usages des comportements corporels n'est pas sans conséquence car elle affecte les méthodologies mises en place pour analyser ces comportements et les décisions prises pour les interpréter.

Les différentes approches et méthodes d'analyse

En psychologie, un nombre important d'études ont été publiées, depuis une cinquantaine d'années, dans le domaine de la communication non verbale. Actuellement, les questions de recherche sont focalisées sur l'étude de canaux non verbaux spécifiques tels que le visage, le regard, les gestes, la posture ou l'utilisation de l'espace interpersonnel. Pour chacun de ces canaux, des procédures particulières de recherche et des techniques de codage spécifiques sont développées. Elles dépendent principalement de l'objectif du chercheur, décrire les manifestations corporelles ou les interpréter.

Les meilleurs exemples d'analyses descriptives sont sans doute le système de notation dit « de Berne » et l'approche éthologique. Dans le système de Berne, le comportement est décrit comme une série de positions dans le temps et l'espace. Ainsi, les mouvements des mains peuvent être codés sur différentes dimensions comme la verticalité, l'orientation des paumes ou encore le contact des deux mains. L'intérêt de cette analyse est de permettre une description précise de l'activité déployée en situation de face à face. Mais son inconvénient majeur est d'être a-théorique. Les changements du corps n'ont pas de statut particulier dans la communication. Ils ne sont pas interprétés ou ne font pas l'objet d'une hypothèse de recherche spécifique. Dans l'approche éthologique, l'analyse des comportements non verbaux s'inscrit dans le cadre théorique de l'évolution et de l'adaptation. Le comportement doit être étudié dans son environnement naturel et la méthode privilégiée est l'observation sur le terrain.

La collecte des données est dirigée vers la description des unités naturelles de comportement qui ensemble forment un éthogramme humain. Le répertoire doit être suffisamment exhaustif pour rendre compte de toutes les unités comportementales apparaissant dans des situations communicatives variées. Ces unités sont décrites en fonction des facteurs qui les provoquent et de leurs effets sur le comportement des partenaires. A titre d'illustration, on peut signaler le geste qui consiste à frapper le partenaire avec l'avant-bras, le poing légèrement fermé. Ce geste apparaît dans une situation de menace et peut provoquer le retrait de l'adversaire.

Au-delà de la description, l'objectif peut être d'inférer la signification des comportements non verbaux en tenant compte de variables psychologiques comme la personnalité ou de processus psychologiques tels que la production du discours et la régulation de la communication interpersonnelle. En accord avec Argyle, la méthodologie recommandée est « de mettre en place des plans expérimentaux rigoureux, qui testent des hypothèses (...) dans des contextes réalistes (...) qui contiennent tous les ingrédients principaux du comportement social ordinaire ». On peut distinguer parmi ceux-ci les modèles expérimentaux de décodage dans lesquels on demande aux participants d'évaluer la signification d'une série de comportements non verbaux (expressions faciales, regards, gestes, postures) présentés sur un support photo ou vidéo, et les modèles expérimentaux d'encodage où on mesure les comportements non verbaux apparaissant spontanément dans des situations contrôlées.

La principale technique consiste alors à enregistrer l'activité corporelle et à catégoriser chaque variable comportementale selon un système tenant compte des différentes fonctions que les comportements non verbaux peuvent remplir dans le langage, la communication, les émotions ou encore l'activité cognitive. Par exemple, dans un projet de recherche pluridisciplinaire actuellement en cours, on s'intéresse à la communication verbale et non verbale de la personne souffrant de la maladie d'Alzheimer. L'objectif est d'aborder deux aspects de la communication souvent considérés indépendamment l'un de l'autre. Le premier aspect concerne le registre verbal et non verbal de la personne elle-même. Le but est d'identifier ce qui est altéré ou préservé dans chacun des deux registres et d'observer comment le non verbal peut compenser certaines pertes langagières. Le second aspect se centre sur l'échange entre la personne souffrant de la maladie d'Alzheimer et un interlocuteur sain. Le but est d'analyser la régulation verbale et non verbale de l'interaction. Pour réaliser ces objectifs, les personnes souffrant de la maladie Alzheimer sont filmées dans une situation de communication interpersonnelle avec un adulte sain. L'analyse non verbale réalisée à partir des enregistrements vidéo de l'interaction prend en compte l'ensemble des comportements qui apparaissent en situation de communication interpersonnelle : les expressions faciales liées aux différentes émotions, les gestes des bras et des mains qui apparaissent en relation avec le discours, les mouvements de tête (détournements, hochements), le regard et le contact visuel, la posture et les comportements de proxémie. Ces derniers types de comportements sont plus spécifiquement liés à la régulation de l'interaction sociale. Le décodage non verbal est assisté par ordinateur avec le logiciel spécifique d'analyse des comportements sur support vidéo The Observer XT.

Il repose sur des techniques de codage bien établies méthodologiquement. On ne peut présenter ici l'ensemble de ces méthodologies. On se limitera à celles qui concernent les expressions faciales émotionnelles et les gestes des bras et des mains. Le FACS (Facial Action Coding System) permet de coder les mouvements du visage liés aux différentes émotions (colère, peur, dégoût, honte, surprise, joie et tristesse). Par exemple, les yeux écarquillés, les narines élargies, la bouche ouverte avec les lèvres étirées sont les mouvements faciaux typiques de la peur. Les gestes des bras et des mains sont catégorisés en fonction de la relation qu'ils entretiennent avec le discours. Ainsi, on peut distinguer les gestes symboliques ou emblèmes qui fonctionnent comme des émissions verbales autonomes (remuer la main pour saluer) de ceux qui sont inséparables du discours concomitant. Parmi ces derniers, les gestes ont été classés en quatre catégories : les déictiques (gestes d'indication), les iconiques (illustration d'un contenu verbal concret), les métaphoriques (représentation d'aspects abstraits du discours) et les marqueurs ou battements (mouvements simples et rapides d'accentuation).

Les techniques de codage des comportements non verbaux peuvent être considérées comme des outils de recherche valides. On observe en général des accords élevés dans les jugements réalisés par des observateurs différents. Mais elles présentent néanmoins certaines limitations liées au contexte d'interprétation des comportements non verbaux. Un même geste (l'index sur la tempe pour signifier qu'une personne est folle) peut avoir une signification propre, indépendamment du discours. Il est alors symbolique. Mais il peut apparaître en relation avec le discours et en illustrer un aspect particulier. Il faudrait alors le coder comme iconique. Selon Kendon, il faut tenir compte des circonstances de la communication qui font qu'un comportement corporel peut être utilisé comme un canal supplémentaire ou alternatif au canal verbal.

L'interprétation en contexte

Les significations non verbales ne sont pas indépendantes de la situation et du contexte de communication dans lesquels les comportements sont produits. L'interprétation des comportements corporels est influencée par le moment (par exemple sourire en regardant une personne) et le lieu (par exemple des funérailles) de leur apparition. Un comportement non verbal est rarement émis isolément. Son interprétation peut être influencée par la présence simultanée d'autres signaux, verbaux et non verbaux. Par exemple, pour interpréter un geste, on peut se baser sur sa seule représentation iconique (la forme ronde que trace la main). Mais, sans le contenu verbal concomitant, il peut être difficile d'en trouver la signification exacte (s'agit-il d'un ballon ou d'une tomate ?). Pour l'interpréter, on doit alors s'appuyer sur la situation dans laquelle il est émis (selon que l'on se trouve dans une cuisine ou sur un terrain de football).

Un autre exemple concerne les expressions du visage. Un visage véhicule de multiples messages. Il peut paraître beau, intelligent ou au contraire laid et stupide. Il renseigne aussi sur le sexe de la personne, son origine ethnique, son âge. Ces informations peuvent être utilisées, consciemment ou non, pour interpréter les mouvements faciaux et inférer l'émotion ressentie. Ainsi, on pense souvent que les personnes âgées sont tristes. Or, cette inférence peut être liée à l'apparence du visage qui se transforme avec l'âge (paupières tombantes, bouche descendant légèrement). On observe aussi que la reconnaissance des expressions faciales est facilitée lorsque les personnes en interaction appartiennent au même groupe social et culturel. De plus, il existe une tendance à ne pas prêter les mêmes émotions aux personnes appartenant à des groupes stigmatisés qu'à son propre groupe d'appartenance. Ainsi, par opposition aux émotions primaires (joie, colère, dégoût, peur, tristesse), on attribue plus volontiers des émotions secondaires (fierté, compassion, amour, orgueil), au groupe auquel on appartient qu'aux autres groupes. Ces croyances peuvent biaiser le décodage non verbal. Un même signal (expression faciale, mouvement corporel) est plus fréquemment attribué à la colère lorsque la personne appartient à un groupe social réputé violent et agressif. Les règles culturelles de décodage non verbal peuvent aussi intervenir. Ainsi, il est inapproprié dans certaines cultures asiatiques de percevoir les émotions négatives d'autrui.

Enfin, dans une interaction sociale, les comportements des partenaires ne sont pas indépendants. Pour certains auteurs, un équilibre non verbal optimal doit être maintenu en fonction de la situation interpersonnelle, des motivations de chacun et des conventions sociales. Ainsi, le degré d'intimité entre les personnes détermine l'acceptation sociale des comportements (distance interpersonnelle, gestes, expressions émotionnelles, contacts visuels et physiques). S'il y a rupture dans l'équilibre non verbal (une personne inconnue s'approche trop près), celui-ci peut être rétabli en ajustant le comportement (reculer pour maintenir à distance). Or, trop souvent, le comportement non verbal est relié à la personnalité de celui qui l'émet, perçu alors comme une personne peu sociable. Mais en réalité, il est provoqué par le comportement non verbal de celui qui s'est approché trop près. Dans une situation de communication sociale, les comportements non verbaux d'une personne ne peuvent donc être interprétés indépendamment de ceux du partenaire de l'interaction.

L'interprétation des signaux non verbaux apparaissant dans une interaction sociale est une question de recherche importante en psychologie. Celle-ci offre des cadres théoriques et des outils méthodologiques pour comprendre comment les comportements non verbaux informent sur la personnalité, les émotions, les compétences ou les attitudes des personnes en interaction sociale. Elle propose des techniques de mesure et de classification des comportements non verbaux prenant en compte la relation continue, probable et iconique du signe non verbal à son référent.

La position adoptée dans cette section pose que les signaux non verbaux ne sont pas toujours directement interprétables. L'accent est porté sur les inférences réalisées par la personne qui interagit à partir des conduites non verbales du partenaire. Ces inférences ne sont pas nécessairement inexactes. Par exemple, l'émotion ressentie par une personne peut être correctement inférée à partir de sa mimique faciale. La personne ressent vraiment l'émotion attribuée. Mais ce n'est pas toujours le cas. Une expression faciale peut être interprétée différemment selon le contexte de communication dans lequel elle apparaît. Par exemple, on associera plus souvent la « colère » aux comportements non verbaux des hommes (mimiques faciales, gestes) qu'aux mêmes comportements émis par des femmes. Cela n'est pas sans conséquence car la signification non verbale inférée influence le comportement des partenaires de l'interaction sociale.

b. Comment lire le langage du corps

Partie 1 : Lire les indices émotionnels

Surveillez les larmes. Les larmes sont considérées comme le résultat d'une explosion émotionnelle dans la plupart des cultures. Souvent, les pleurs sont considérés comme un signe de tristesse ou de chagrin, mais ils peuvent aussi être l'expression de la joie. Il est aussi possible de pleurer en riant. C'est pourquoi, lorsque vous évaluez des larmes, vous devez chercher d'autres signaux pour déterminer le contexte exact de ces larmes. Il est aussi possible de se forcer à pleurer pour s'attirer la sympathie des autres ou pour les manipuler. Cette pratique est appelée larmes de crocodile, une expression familière qui tire son origine du fait que les crocodiles pleurent après avoir attrapé une proie.

Recherchez les signes de colère ou de menace. Les signes menaçants incluent des sourcils en V, des yeux grands ouverts et la bouche ouverte ou tournée vers le bas. Les bras croisés l'un sur l'autre sont aussi un signe commun de colère et de fermeture.

Observez les signes d'angoisse. Lorsque les gens montrent qu'ils sont angoissés, ils se mettent à cligner des yeux plus souvent, à augmenter le nombre d'expressions du visage et à étirer leur bouche pour en faire une ligne fine. Les individus angoissés pourraient gigoter et jouer avec leurs doigts, sans être capables de rester tranquilles. L'angoisse peut aussi être exprimée lorsque les individus se mettent à taper du pied ou à gigoter des jambes sans s'en rendre compte.

Observez les expressions de l'embarras. L'embarras peut être démontré en détournant le regard, en tournant la tête et en souriant de manière contrôlée ou tendue. Si quelqu'un regarde beaucoup par terre, il est probablement timide ou embarrassé. Les gens ont aussi tendance à regarder par terre lorsqu'ils sont fâchés ou lorsqu'ils essayent de cacher une émotion. Les gens pensent et ressentent souvent des émotions désagréables lorsque vous les prenez en train de regarder par terre.

Observez les manifestations de la fierté. Les gens montrent leur fierté en faisant un petit sourire, en penchant leur tête vers l'arrière et en mettant leurs mains sur leurs hanches.

Partie 2: Lire les indices de la relation

Jugez les canaux proxémiques et haptiques, c'est-à-dire la distance et le toucher. C'est une des façons de communiquer le statut d'une relation interpersonnelle. La proximité physique et le toucher montrent l'attirance, l'affection et l'amour. Les gens en relations proches demandent moins d'espace personnel que les inconnus. Il convient de noter que l'espace personnel nécessaire dépend aussi de la culture. N'oubliez pas que ce qu'une certaine culture considère comme proche et considéré comme éloigné par une autre culture.

Lisez les yeux de la personne. Des études ont montré que lorsque les gens s'impliquent dans des conversations intéressantes, leurs yeux restent concentrés sur le visage de leur interlocuteur pendant 80 % du temps. Cependant, ils ne se concentrent pas que sur les yeux de l'autre, mais ils se concentrent sur les yeux pendant quelques minutes avant de passer au nez et aux lèvres et de retourner aux yeux. Ils pourraient regarder la table de temps en temps, mais ils reviennent toujours à regarder leur interlocuteur dans les yeux. Lorsque les gens regardent vers le haut et vers la droite pendant une conversation, cela signifie en général qu'ils s'ennuient et qu'ils ont déjà abandonné la conversation.

Les pupilles dilatées signifient que la personne est intéressée par ce qu'il se passe. Cependant, n'oubliez pas que de nombreuses substances peuvent provoquer une dilatation des pupilles, par exemple l'alcool, la cocaïne, les amphétamines, le LSD, etc. On utilise aussi souvent le contact visuel pour montrer sa sincérité. Un contact visuel trop persistant ou même agressif suggère que la personne qui parle est consciente du message qu'elle essaie de véhiculer. Ainsi, une personne qui essaye de vous tromper pourrait modifier son contact visuel pour ne pas avoir l'air de l'éviter, car c'est un signe répandu de mensonge. Cependant, n'oubliez pas, comme cela a été noté plus haut, qu'il existe de nombreuses variations par individu lorsqu'il est question de contact visuel et de mensonge.

Examinez la posture de la personne. Si quelqu'un reste avec ses bras derrière son cou ou sa tête, cette personne indique qu'elle est ouverte à la discussion ou qu'elle est simplement décontractée en général. Les membres croisés sont en général un signe de résistance et de réceptivité basse. En général, lorsqu'une personne dispose son corps de cette façon, c'est le signe que cette personne est mentalement, émotionnellement et physiquement fermée aux autres.

Lors d'une étude sur 2 000 négociations enregistrées sur vidéo pour évaluer le langage corporel du négociateur, il n'y a pas eu d'accord de quelque sorte que ce soit pour que l'un des participants croise ses jambes.

Partie 3: Lire les indices de l'attirance

Estimez le contact visuel. Regarder l'autre dans les yeux est un signe d'attirance, comme l'est le clignement des yeux plus rapide que la moyenne des 6 à 10 fois par minute. Le clin d'œil peut aussi être un signe de flirt ou d'attirance. Cependant, gardez en tête que cela peut être lié à la culture de l'individu. Dans certaines cultures asiatiques, le clin d'œil est considéré comme quelque chose de malpoli.

Surveillez certaines expressions du visage. Le sourire est l'un des signes les plus clairs de l'attirance. Assurez-vous que vous savez faire la différence entre un sourire forcé et un sourire naturel. Vous pouvez faire la différence, car les sourires forcés n'engagent pas les yeux. Les vrais sourires provoquent de petites rides au coin des yeux. Lorsque les gens se forcent à sourire, vous ne verrez pas ces rides. Lever les sourcils peut aussi être un signe de flirt.

Observez la posture de la personne, ses gestes et sa position. En général, les gens attirés l'un par l'autre ont tendance à essayer de se rapprocher l'un de l'autre. Cela signifie qu'une des personnes peut se pencher vers l'autre, mais elle peut aussi être plus directe et toucher l'autre. Une tape légère ou un frôlement du bras peut indiquer une attirance. L'attirance peut aussi se montrer au niveau des pieds, lorsque ceux-ci sont dirigés ou font face à l'objet de l'intérêt. Les paumes des mains tournées vers le haut sont aussi un signe d'intérêt amoureux, car elles suggèrent que la personne est ouverte.

Faites attention aux différences de signes de l'attirance selon le sexe. Les hommes et les femmes montrent leur attirance via le langage corporel de manière différente. Un homme aura plutôt tendance à mener et à tourner son torse vers la personne qui l'intéresse, tandis que la femme qui retourne cette attirance va tourner son torse d'un autre côté et va se pencher en arrière.

Un homme intéressé pourrait lever sa main au-dessus de sa tête à un angle de 90 degrés. Lorsqu'une femme montre son attirance, ses deux bras seront ouverts et ses mains pourraient toucher son corps sur des zones situées entre les hanches et le menton.

Partie 4: Lire les indices du pouvoir

Observez si l'autre vous regarde dans les yeux. Le contact visuel, un des canaux kinésiques, est une façon basique de communiquer la dominance. Les gens qui montrent leur dominance vont délibérément fixer les autres et les examiner tout en les regardant dans les yeux. Ils seront aussi les derniers à détourner leur regard. Si vous souhaitez montrer votre pouvoir, n'oubliez pas que regarder constamment quelqu'un dans les yeux peut aussi être intimidant. Évaluez les expressions du visage. Une personne qui veut montrer sa domination va éviter de sourire pour montrer qu'elle est sérieuse et pourrait plutôt froncer des sourcils ou pincer ses lèvres.

Évaluez les gestes et la posture. Les gestes peuvent montrer la domination. En montrant les autres du doigt et en faisant des gestes larges, vous pouvez montrer aux autres votre statut. En plus, lorsque quelqu'un prend une position plus large et plus haute au lieu d'être détendu, cela montre aussi sa domination. Les individus dominants ont aussi une poignée de main plus ferme. Ils mettront généralement leur main sur le dessus en laissant la paume tournée vers le bas. La poignée de main sera ferme et soutenue pour montrer leur contrôle.

Observez comment cette personne gère son espace personnel. Les personnes avec un statut élevé vont généralement laisser plus d'espace physique entre elles et les personnes de statut plus bas. Les personnes avec un statut élevé vont aussi occuper plus d'espace pour montrer leur domination et leur maîtrise de la situation. En d'autres termes, une posture étendue indique le pouvoir et la réussite. Vous pouvez aussi montrer votre pouvoir en vous tenant debout au lieu de vous asseoir. La position debout, surtout lorsque vous êtes en premier plan, est perçue comme une position de pouvoir. Un dos bien droit et des épaules en arrière, au lieu de vous tenir avachi, véhiculent l'assurance en soi. Les personnes avachies et affalées véhiculent un manque de confiance en elles.

Les individus dominants vont aussi mener de front et marcher à la tête du groupe ou passer par la porte en premier. Ils aiment se retrouver devant. Regardez quand et comment une personne vous touche. Les personnes qui veulent affirmer leur statut auront plus d'options lorsqu'il s'agit de toucher les autres parce qu'ils se sentent plus en confiance dans leur position. En général, dans une situation où l'une des deux personnes a un statut plus élevé que l'autre, celle au statut plus élevé touchera plus souvent celle au statut plus bas. Dans les contextes de communication où les deux locuteurs ont le même statut, ils se toucheront tous les deux de la même façon.

Partie 5: Comprendre le langage corporel

Sachez que lire le langage corporel est une tâche complexe. Le comportement non verbal est en lui-même complexe puisque les gens sont différents et se présentent différemment. Lire le langage corporel d'une autre personne peut être un défi, car lorsque vous interprétez les signes que les gens vous envoient, vous devez prendre en compte la vue d'ensemble. Par exemple, cette personne vous a-t-elle déjà mentionné qu'elle s'est disputée avec sa femme aujourd'hui ou qu'elle n'a pas reçu la promotion qu'elle attendait au travail ? Avait-elle l'air visiblement angoissée pendant le déjeuner ?

Lorsque vous interprétez le langage corporel d'une autre personne, il est important, autant que possible, de prendre en compte sa personnalité, certains facteurs sociaux, son comportement verbal et le contexte. Même si ces informations ne sont pas toujours disponibles, elles peuvent vous aider à comprendre son langage corporel. Les gens sont complexes, c'est pourquoi vous ne devriez pas être surpris de voir que les informations qu'ils transmettent à travers leurs corps sont aussi complexes. Vous pouvez comparer la lecture du langage corporel à votre série télévisée préférée. Après tout, vous ne voudriez pas regarder une seule scène de cette série, mais l'épisode en entier pour pouvoir comprendre ce que signifie cette scène. Vous devez aussi vous souvenir des épisodes précédents, de l'histoire du personnage et de la trame en entier. De la même façon, vous devez avoir une vue d'ensemble lorsqu'il s'agit du langage corporel.

Souvenez-vous de prendre en compte les différences individuelles. Il n'existe pas de langage corporel unique. Si vous vous intéressez à la lecture exacte du langage corporel d'une certaine personne, vous devez étudier cette personne pendant un moment. Ce qui est vrai pour cette personne ne l'est pas forcément pour les autres. Par exemple, lorsqu'ils mentent, certaines personnes ne regardent plus leur interlocuteur dans les yeux alors que d'autres essayent de le regarder encore plus fixement dans les yeux pour qu'il ne le soupçonne pas de mentir.

Sachez que le langage corporel peut aussi être différent selon la culture. Pour certaines émotions et expressions du langage corporel, la signification de ce message peut être liée à la culture de l'individu. Par exemple, dans la culture finlandaise, lorsqu'une personne vous regarde dans les yeux, cela signifie que vous pouvez l'approcher. Au contraire, lorsque les Japonais se regardent dans les yeux, cela exprime la colère.

Pour vous donner un autre exemple, dans la culture occidentale, une personne qui se sent à l'aise avec vous va se pencher vers vous et diriger son visage et son corps en votre direction. Sachez que si certaines expressions physiques de l'émotion varient d'une culture à l'autre, certaines études suggèrent que certaines expressions du langage corporel pourraient être universelles. C'est d'autant plus vrai pour l'expression de la dominance et de la soumission. Par exemple, parmi différentes cultures, une position basse exprime la soumission.

Sachez que la compréhension diffère selon le canal non verbal. Le canal non verbal est le moyen par lequel un message ou un signe est véhiculé sans mots. Les canaux non verbaux importants incluent les canaux kinésiques (le regard dans les yeux, les expressions faciales et le langage corporel), le canal haptique (le toucher) et le canal proxémique (l'espace personnel). En d'autres termes, le milieu détermine le message.

En règle générale, les gens arrivent à mieux lire les expressions du visage, puis le langage corporel et pour finir l'espace personnel et le toucher. Même à l'intérieur de chaque canal, il peut exister une grande variation. Par exemple, toutes les expressions du visage ne sont pas aussi faciles à comprendre. Les gens ont généralement plus de mal à lire les expressions désagréables du visage que celles qui sont agréables. Une étude a montré que les individus ont plus de facilité à interpréter le bonheur, la satisfaction et l'excitation que la colère, la tristesse, la peur et le dégoût.

Avertissements

Ne jugez pas une personne seulement par son langage corporel. Souvenez-vous que le langage corporel n'est pas le seul indicateur du statut d'un individu, de son état émotionnel ou de la relation qu'il entretient avec vous.

c. Comment développer une communication non-verbale positive ?

Votre langage corporel et vos attitudes ont une influence sur votre entourage et ce, même lorsque vous ne prononcez mot ! À ce titre, c’est en 1985 que le professeur de psychologie David MacNeill montrait qu'il existe un lien étroit unissant les mots, les caractéristiques vocales et les gestes. Mais aussi qu'agir, même sans rien dire, c'est déjà communiquer ...

Imaginez cette scène (de préférence à ne pas reproduire)

Vous êtes convoqué dans le bureau de votre patron. Vous franchissez le pas de la porte et à peine après avoir dit "Bonjour", vous déposez sans y être invité un de vos objets personnels sur son bureau (à la place de sa tasse de café par exemple). Vous vous asseyez ensuite juste à côté de lui (et non en face), votre visage à quelques centimètres du sien.

Vous conviendrez qu'il s'agit d'une attitude non-verbale peu conventionnelle ? Face à ce comportement, vous pourriez observer de la part de votre patron des réactions inconscientes cherchant à défendre ce territoire, cette barrière invisible que vous venez de franchir par une communication non-verbale maladroite.

Cet exemple est peut-être extrême et le but ici est de vous éviter ce type de situations où la communication est maladroite. Pour ce faire, je vais vous offrir 3 astuces non-verbales pour provoquer l'effet inverse et avoir un impact positif inoubliable dans vos interactions. Mais avant de rentrer dans le vif du sujet, j'ai besoin de vous briefer sur l'origine des gestes. Afin d'être sûr que nous partions vous et moi du bon pied.

Les gestes parlent plus fort que les mots

D'un point de vue lexical, le langage non-verbal on l'appelle aussi le langage corporel, la gestuelle ou même pour emprunter l'expression à nos confrères anglo-saxons, le body language.

Le langage non-verbal regroupe plusieurs éléments non-verbaux : le ton et le timbre de la voix, les expressions du visage et les mouvements du corps, conscients ou inconscients. L'américain Albert Mehrabian, célèbre chercheur en psychologie, a démontré que lors d'une interaction et sous certaines circonstances (celles de son expérimentation), plus de 90% de notre communication pouvait être non-verbale et moins de 10% était attribuée au sens des mots !

Le langage non-verbal peut parfois même atteindre 100%. Lorsque par exemple un regard ou un sourire suffit à tout comprendre ...

Pourquoi produit-on des gestes ?

Lors d'une communication, 2 catégories de gestes peuvent être produits :

- Il y a les gestes volontaires ou intentionnels.

Ils sont produits pour renforcer le discours, l'embellir ou le préciser.
Le fameux : « c'est grand comme ça ! ». Sans aucun geste, c'est moins facile à comprendre ...

Et puis il y a :

- Les gestes involontaires ou accidentels.

Ce sont ceux qui expriment nos émotions et nos intentions. Et si je dis involontaire, c'est qu'ils apparaissent bien souvent lorsque notre sécurité est menacée. Je vais approfondir cette notion de sécurité et vous expliquez ce qui se passe dans le cerveau.

Le cerveau limbique et sa barrière de sécurité

Dans une communication, différentes parties du cerveau sont mobilisées. Les aires de Broca et Wernicke sont chargées de la production et de la compréhension des mots alors que le système limbique (notre cerveau lié à la survie), dans un même temps, analyse et agit face aux risques éventuels liés à cette interaction.

Ce système gère donc certaines réactions ancestrales, ayant permise à l'Homme de survivre pendant toutes ces années :

- Il détermine et conditionne nos émotions en fonction des situations et du contexte dans lesquelles elles se déroulent.
- Il pousse le corps à rechercher les sentiments de bien-être et à y rester
- Il nous oblige à fuir l'inconfort.
- En apaisant le corps, en lui faisant prendre la fuite, en se reculant ou même en attaquant.
- Et il est en charge de la gestion de nos territoires.

- En somme, il est le responsable de la protection du corps lorsqu'il se sent menacé.

3 Astuces pour lever les barrières et (vraiment) communiquer

Pour bien communiquer et instaurer un climat de confiance, il est alors indispensable de ne pas déclencher cette barrière de sécurité chez votre interlocuteur (comme dans l'exemple du début)

De cette manière, vous allez améliorer la qualité de l'interaction, voire désamorcer des situations conflictuelles. C'est ce que l'on appelle faire preuve « d'intelligence non-verbale ». Vous devez montrer non-verbalement que vous ne présentez pas de danger pour votre interlocuteur. Une des techniques pour ne pas déclencher le système d'alerte de votre interlocuteur est de composer avec ses zones corporelles et son territoire.

Astuce 1 : Entrez dans son cercle de confiance

Au sein des territoires dans lesquels il évolue, l'Homme est soumis à des distances le séparant de ses congénères. Edward T. Hall, anthropologue et sociologue de l'université de Harvard, a mis en évidence 4 zones d'interactions qu'il a appelées : la proxémie. Ces distances entre deux personnes permettent de définir la nature des échanges qu'elles veulent mettre en place :

- Distance intime : 15 à 45cm.

- Elle est réservée à la famille et aux personnes très proches émotionnellement.
- À cette distance, on chuchote !
- Distance personnelle : 45cm à 1m20.
- Elle est la zone affective.
- C'est la distance des discussions personnelles entre amis.
- Distance sociale : 1m20 à 3m60.
- C'est la zone de non-contact.
- Relations sociales, simples connaissances.
- Distance publique : plus de 3m60.
- Celle des inconnus, de la prise de parole en public.
- Ces distances sont variables d'une culture à l'autre.

Pour faciliter la communication lors de vos interactions, il est à partir de ce constat important d'accepter la distance préférentielle de votre interlocuteur. Mais surtout, il ne faut pas empiéter sur le territoire de votre interlocuteur sans y avoir été invité ! Vous voyez que dans notre exemple décrit en prélude, ceci n'était pas le cas.

Astuce 2 : On aime ce qui nous ressemble

Lorsque vous observez que votre interlocuteur imite inconsciemment vos mouvements et postures c'est qu'il est clairement en accord avec vous. On appelle cela l'effet caméléon, mais il peut aussi prendre d'autres appellations comme l'effet miroir, le mimétisme non-verbal ou la synchronisation.

En 1990, le professeur Giacomo Rizzolatti, physiologiste et neurologue, a découvert l'existence des neurones miroirs qui jouent un rôle dans l'apprentissage par imitation et dans des processus émotionnels comme l'empathie.

Ce sont eux qui commandent inconsciemment d'imiter les postures et la gestuelle d'une personne avec qui on est en accord. Lever la fameuse barrière de sécurité de votre interlocuteur peut se faire de plusieurs façons. Certaines consistent à montrer des attitudes positives et ouvertes, je vous les détaillerai plus loin. Mais vous pouvez montrer, de manière subtile, à l'inconscient de votre interlocuteur, que vous êtes empathique, en connectant entre eux vos neurones miroirs. Ce mimétisme volontaire des attitudes peut se faire de 2 manières :

- directe : croiser le même bras, se frotter ou se gratter la même zone du visage, croiser la même jambe, ...
- indirecte : croiser les bras lors d'un croisement de jambe, se gratter l'avant-bras lors d'un grattage du nez, ...
- Il est important de réaliser ce miroir gestuel de manière subtile.
- Il ne s'agit pas de singer !

Vous devrez alors être attentif et observer le moment où votre interlocuteur va accepter votre synchronisation et se mettre à son tour à reproduire inconsciemment vos postures. Vous aurez alors levé, ensemble, vos barrières de sécurité.

Astuce 3 – La “positive” attitude non-verbale

Une des clés pour lever la barrière de sécurité des personnes avec qui vous communiquez est de se montrer non-verbalement accessible et non menaçant. Dans le langage corporel, lorsque vous exposez vos parties anatomiques considérées comme vitales (sexe, ventre, cou), le système limbique de votre interlocuteur va inconsciemment percevoir que vous ne représentez pas de danger.

Vos attitudes gestuelles peuvent alors combiner l’accessibilité et l’exposition de parties vitales. Comme lorsque vous exposez votre abdomen sans mettre vos bras ou d’autres objets devant, ou le fait de pencher légèrement la tête sur côté pour exposer votre cou. Vous pouvez aussi montrer vos paumes de mains face en l’air en illustrant votre discours,...

Certaines études non-verbales ont également montré que le fait d’acquiescer par de légers mouvements de tête, montrait inconsciemment son accord pendant une interaction.

Le langage non-verbal au service de votre communication positive

L’objectif de ce que vous venez de lire était de vous aider à améliorer vos interactions dans un monde où la communication est de plus en plus complexe. Vous pouvez perfectionner vos relations aux autres en restant à l’écoute de leur langage corporel, de leur territoire et en leur montrant que vous ne représentez pas un danger potentiel. Soyez observateur, empathique et sachez développer votre intelligence non-verbale au service d’une communication positive.

Chapitre 3 : Analyser les gens grâce aux techniques de Cold Reading

Dépeint comme une science par certains, comme un art par d'autres, le Cold Reading, ou lecture à froid, est une technique puisant dans plusieurs sciences: la psychologie, la morpho-psychologie, l'anthropomorphisme, la psychologie. Pour les illusionnistes, le Cold Reading s'avère précieux dans une séance de mentalisme afin de faire une démonstration de lecture de pensée ou de pseudo-voyance. Par exemple, une phrase de ce type, déclamée lors d'une première rencontre : Madame, vous êtes une personne très dévouée et vous donnez beaucoup de votre énergie pour le bien d'autrui. Vous aimez le calme, la nature, ainsi que les animaux.

Nulle voyance là-dedans. En réalité, vous avez remarqué que cette femme porte un pin's minuscule d'infirmière et vous en déduisez sa profession. Vous avez également remarqué des traces récentes de boue sur ses chaussures ce qui laisse supposer que cette personne habite la campagne ou aime s'y promener. De facto, elle aime ainsi le calme. En ce qui concerne les animaux, une attention particulière sur ses vêtements vous permettra de détecter la présence de poils émanant certainement d'un animal de compagnie. Il ne s'agit pas d'autre chose que d'un travail de déduction à la Sherlock Holmes.

Cet exemple, un peu grossier, vous permet de comprendre ce qu'est le Cold Reading => une retransmission d'informations à un sujet inconnu, sans que ce dernier les livre consciemment.

Ces informations peuvent être captées par la seule observation des vêtements, de l'allure, de la gestuelle, mais également par la captation d'informations verbales. Naturellement, au regard de ce que vous venez de lire plus haut, il est constant que la technique du Cold Reading, magnifiée par le personnage de Sherlock Holmes, peut servir dans bien d'autres domaines que celui de l'illusionnisme. Un vendeur, un serveur, un coiffeur, un policier ou un avocat, toutes les professions sont concernées par la maîtrise de cette technique que l'on pourrait résumer en un mot: l'observation.

Mais ce serait faire offense au Cold Reading que de le résumer si sommairement, car des ouvrages entiers ont été consacrés au sujet, et cette discipline utilise également d'autres techniques telles que les interrogations affirmatives, très prisées par les voyants. L'un de ces outils est l'interrogation affirmative, autrement dit l'art de poser des questions en ayant l'air de faire une déclaration.

Exemple: vous avez observé une personne dont l'allure générale et surtout la démarche vous indiquent une certaine assurance. Rien de plus facile que de lui dire en guise de présentation, ou, entre deux phrases de courtoisie: Monsieur, vous assumez beaucoup de responsabilités !

En réalité par cette phrase vous posez une question. Si la réponse est positive, il vous sera facile d'enchaîner et de dire: j'ai l'impression que vous êtes chef d'entreprise...ou que vous avez la responsabilité de plusieurs personnes. Il est important de marquer un temps mort au milieu de cette phrase afin d'observer la réaction de votre cible. Car la plupart des gens ou la curieuse habitude de sanctionner une phrase qui leur est flatteuse par un oui ou -plus rarement- un non .

Cet acquiescement se réalise de plusieurs façons et n'est pas forcément verbal. Un mouvement de tête, un clignement des yeux, tous ces mouvements musculaires sont aussi précieux que le verbe. Car 80 % du langage transmis par deux individus lors d'un échange reste non verbal.

Avant de vous lancer dans des démonstrations, entraînez-vous sur plusieurs personnes en oubliant jamais le principe posé par le psychologue Maslow: le besoin de considération vient juste en dessous des besoins physiologiques dans la hiérarchie des besoins de l'être humain. Jouez donc sur le besoin de reconnaissance d'autrui et tirez en avantage pour continuer sans détours vos investigations. En ce sens, en Cold Reading, le silence est d'or, le but est d'amener par la technique des interrogations affirmatives à amener le sujet à parler de lui le plus possible dans avoir l'air de lui capter de l'information frauduleusement

a. Les 13 commandements du Cold Reading

Beaucoup de personnes se présentent comme des voyants, des médiums. Nul n'a pu à ce jour vérifier la véracité de leurs facultés, malgré les nombreuses sollicitations des scientifiques, restées vaines. Ainsi, le Comité national des sceptiques australiens aura offert en vain 100 000 $, le Cercle Zététique, pour sa part, 150 000 € pour toute personne exécutant ses démonstrations de voyance sous contrôle scientifique. Aucun psychic n'a accepté.

Aussi loin que l'on se souvienne, le Cold Reading est utilisé, même inconsciemment, par beaucoup de métiers, outre les médiums. Intuition, déduction, il ne s'agit pas ici d'illusionnisme (même si le procédé y est aussi utilisé), mais d'optimisation de l'attention et de l'observation. Le Cold Reading peut à la fois concerner les personnes et les objets, dans le but de glaner des informations sur la cible grâce à son langage corporel et la façon dont elle traite ses objets, son rapport aux choses.

Je vous livre ici les 13 commandements qu'il faut utiliser pour faire du Cold Reading. Respectez-les et ils vous permettront soit de faire des démonstrations de « lecture de l'autre », soit d'affûter votre confiance en vous au quotidien dans vos rapports avec autrui en détectant des informations. Dans les deux situations, l'utilisation du Cold Reading vous met dans une position de force.

Souvenez-vous que la clé de la réussite en Cold Reading est la confiance en soi

Croyez en ce que vous faites et vous augmenterez votre compétence. Mais attention, il y a un danger à jouer le rôle du Devin en croyant que vous avez un réel pouvoir. Gardez les idées claires, tout n'est qu'observation.

Créez une histoire à partir des renseignements et indices que vous avez récolté.

Ils peuvent vous fournir beaucoup d'informations au sujet des différentes lois de notre société (croyance, fonctionnement et préoccupation) par exemple: si vous n'arrivez pas à estimer le niveau d'éducation d'un individu ou de ses parents ni sa religion, vous pourrez plus facilement deviner leur tendance politique en fonction de la manière dont il répond.

Préparez le terrain pour faire du Cold Reading

Soyez modeste au sujet de vos talents, de votre apprentissage. Ne posez pas trop de questions vous risqueriez de rendre votre sujet suspicieux. N'oubliez jamais ce point: vous n'êtes pas train de vous affronter. Vous cherchez à lire un caractère. Nuance.

Gagnez en avance sa coopération

Insistez sur le fait que le succès du Cold Reading dépend aussi bien de la collaboration du sujet que de vos efforts. Après tout, vous êtes censés avoir l'expérience d'une personne qui peut deviner toutes les personnalités que vous pouvez analyser. Finalement ce n'est pas vous qui êtes à l'épreuve, mais le sujet. Sachez qu'en raison des difficultés de communication et de langage il est possible que vous ne vous fassiez pas toujours comprendre correctement.

Dans ce cas-là, le sujet devrait faire des efforts pour adapter votre méthode à sa vie. Vous exploitez ainsi deux principes:

– vous disposez d'un alibi en cas de fausse route (le sujet a du mal à vous suivre et s'adapte progressivement)

– votre sujet fera l'effort pour faire coller vos déductions à des circonstances spécifiques de sa vie.

Plus tard, quand le sujet se rappellera du reading, vous serez gratifié de plus de détails vrais que vous n en avez fourni en réalité. Votre reading n'aura de succès que si votre participant est actif. Un bon reader est celui qui, délibérément ou involontairement force le sujet à fouiller son esprit pour donner un sens à vos affirmations.

Utilisez un support du style tarot, boules le cristal, ligne de la main, ou, dans un style plus « Sherlock Holmes » un objet de la personne.

Utiliser des supports aura deux buts:

– quel qu'il soit, il crée une atmosphère.

– encore plus important: son étude vous donne le temps de formuler votre prochaine question ou affirmation.

Au lieu de rester passif en pensant à ce que vous allez dire, vous pouvez étudier des cartes, une boule de cristal. Vous pouvez choisir de tenir la main de votre sujet. Cela vous aidera à sentir les réactions du sujet à vos affirmations. Si vous utilisez la lecture des signes de la main, étudiez, auparavant, ces techniques qui vous aideront de manière efficace pour illustrer votre propos. En ce sens, un livre est à conseiller: l'ABC de la Chiromancie, afin de se procurer une base de connaissances légitimant l'expérience. En outre, elle vous permettra d'atteindre plus facilement le centre de préoccupation de votre sujet. Exemple:

« voulez-vous vous concentrer sur votre ligne de santé ou votre ligne de cœur ? »

Ayez une liste de phrases clés

Pendant une séance de Cold Reading, un afflux de phrases neutres, préparées à l'avance, donnera du corps à vos révélations et vous aidera à combler le temps pendant que vous formulez des définitions de personnalités plus précises. Utilisez-les pour commencer vos reading. L'idéal est de restituer ces phrases en parlant rapidement, sachant que l'esprit de votre cible sera plus enclin à retenir les points lui correspondant. La lecture des lignes de la main, le tarot et les autres manuels de diseurs de bonne aventure sont une source clé de bonnes phrases.

Ouvrez les yeux, ne voyez pas. Regardez

Utilisez tous vos sens. Jugez votre sujet grâce à l'observation de ses vêtements, bijoux. Attitudes ou manières de s'exprimer. Une classification sommaire, en exploitant ces détails vous aidera à faire un bon reading. Alors regardez avec attention votre sujet, tirez en les conclusions. Vous apprendrez très rapidement.

Utilisez la technique du fishing

Il s'agit tout simplement d'un moyen utilisé pour amener le sujet à parler de lui. Vous reformulez, ensuite, ce qui a été dit et vous le redonnez à votre sujet, en reformulant. Le moyen de mettre en œuvre cette technique, c'est de formuler votre question comme une affirmation et d'attendre la réponse. Si la réaction est positive, tournez votre affirmation en forme de revendication positive.

Souvent le sujet répondra sous forme d'une question implicite. Il oubliera, plus tard, qu'il était, en réalité à l'origine de la source d'information. En faisant de vos questions des affirmations, vous forcez votre cible à fouiller sa mémoire pour vous fournir des éléments qui correspondront à vos affirmations.

Apprenez à être un bon auditeur

Pendant votre reading, votre sujet ne cessera de vous fournir de précieux renseignements sur tous les évènements sur lesquels l'attention est portée. Un bon auditeur permet à son sujet de s'exprimer autant qu'il le souhaite. Il existe des cas où le sujet passe 75 % de son temps à fournir des éléments au mentaliste. Plus tard, après avoir dit à cette personne que c'est elle qui a fourni tous ces éléments, elle niera avec véhémence avoir agi de la sorte.

Un autre intérêt de l'écoute c'est que la plupart des sujets qui utilisent les services d'un clairvoyant veulent vraiment quelqu'un capable d'écouter leurs problèmes. En ce sens, la psychanalyse génère de tels sentiments. En réalité ils cherchent quelqu'un qui leur dira ce qu'ils veulent entendre afin de prendre une décision avec la conscience tranquille. L'homme qui prend une décision à pile ou face et qui est déçu par son lancer sait quoi faire: l'autre décision, son envie première, était la bonne. Et si vous êtes un bon reader, peu quelle que soit votre profession, le Cold Reading peut vous être utile.

Dramatisez votre reading

Redonnez la totalité ou une partie des informations que vous avez déjà, par une technique de hot reading par exemple (recherches sur internet, localisation de l'environnement personnel et professionnel du sujet...).Gonflez la note en les restituant. Élaborez des descriptions pittoresques autour de chaque révélation.

Donnez toujours l'impression que vous en savez plus que vous n'en dites.

Les médecins utilisent souvent cette technique qui est de faire croire qu'ils en savent beaucoup plus qu'ils ne disent en réalité. Dès que vous aurez fait comprendre à votre sujet que vous détenez des infos que vous devriez, logiquement, pas connaître, votre sujet admettra que vous en savez beaucoup. C'est à ce moment que votre sujet vous accordera sa confiance en vous confiant d'autres éléments.

N'hésitez pas à flatter votre sujet le plus possible.

Un sujet occasionnel protestera mais appréciera avec avidité. En général on se méfie toujours des flatteurs en pensant que l'on ne peut dire des bonnes choses sur vous sans une arrière-pensée.

Rappelez-vous de la règle d'or

Le Cold Reading n'est pas une science exacte. Même Sherlock Holmes commet parfois de légères erreurs sur des détails. Néanmoins, si vous apprenez à regarder, et à écouter les autres, sans même avoir utilisé du fishing, vous disposerez de précieuses informations:

– si vous ne regardez pas qu'une silhouette, mais qu'au contraire, vous vous attachez au moindre détail de l'individu (gestuelle, habillement, teint de peau, etc...)

– si vous entendez au lieu d'écouter, comme 90 % des individus font dans leurs rapports au quotidien -sauf en matière commerciale où le bon prestataire est en disponibilité active- vous ne comprendrez pas la grille de lecture de votre sujet. Reformulez, ce que la cible vous dit grâce à la technique de l'accusé réception (si je perçois bien.....vous semblez penser que......vous et moi sentons que.......) . L'individu développera de lui-même, et, même dans le cadre d'une réponse brève, vous donnera des indications par son langage non verbal.

b. Comment vous-protéger du Cold Reading ?

Une technique n'a d'intérêt que si on en maîtrise les aspects offensif et défensif. La contre surveillance consiste à appliquer une panoplie de comportements afin de contrecarrer une tentative d'espionnage. De nombreux aspects de la vie quotidienne peuvent être modifiés à cette fin. Selon les situations, il s'agira de dissimuler une action clandestine, ou de se prémunir d'une intrusion. Les mêmes recommandations sont appliquées par les services de protection rapprochée lorsqu'ils doivent sécuriser une personne.

En 2016, la surveillance électronique est omniprésente. Des mails ciblés aux publicités sur mesure en passant par l'archivage des conversations téléphoniques, jamais le citoyen n'a été autant confronté à l'œil de l'État. Pour autant de nombreuses contre mesures existent. Il est relativement facile de s'affranchir de la surveillance numérique en neutralisant son activité Internet, ou en utilisant des logiciels d'anonymisation tels TOR, etc...

Néanmoins soyons réalistes. La seule méthode de traitement efficace de données reste le off line, ou l'utilisation de stations temporaires. C'est-à-dire que le système d'exploitation de l'ordinateur ne sera utilisé qu'une fois, ce que nous verrons ci-dessous...

Deux aspects de comportements doivent être distingués selon qu'il s'agisse de lutter contre une surveillance de l'humain (HUMINT) ou du technologique (SIGINT)

CONTRE – HUMINT

Premier principe: à l'heure du tout technologique, il ne faut pas sous-estimer l'importance des filatures, des filoches, encore très prisées. Depuis l'origine de l'espionnage, les principales erreurs en matière de contre surveillance proviennent moins de failles technologiques que de comportements humains.

De façon générale, miser sur le Stalker syndrome.

Créer une image sécuritaire décourage les actions hostiles, mais la sécurité liée à cette image doit être réelle et non fictive. Créer une fausse image de sécurité peut être une erreur mortelle. Les faits démontrent que des gardes bien équipés, mais à l'attitude non professionnelle, des caméras factices ou mal placées, ou des systèmes de sécurité non opérationnels tendent à projeter une image de négligence plutôt qu'une image de sécurité.

Un tel dispositif ne sera pas de nature à décourager un élément hostile professionnel ou semi-professionnel. L'agent chargé de la surveillance (policier, cambrioleur, renseignement), s'il détecte des systèmes ou des mesures de sécurité, les testera de manière à évaluer leur réactivité. Un professionnel teste toujours. Il est instruit dans ce domaine précis, et le seul moyen de parer son action est de la prévenir. De faire en sorte qu'il se sente attendu. Dans ce cas, l'élément hostile prendra toute la mesure du danger que représente le fait de vous placer sous surveillance, et ce, pour sa propre sécurité.

On cherche à induire chez lui une paranoïa, connu sous le nom de « Stalker Syndrome » ou « traque furtive». De son statut de dominant et de chasseur, il passe à celui de dominé et de proie. Cela va provoquer chez lui un stress important, source d'erreurs.

Devenir invisible.

Le but de la contre surveillance n'est pas de modifier l'activité elle-même, mais de la rendre imprévisible, insurveillable, de manière à ce que l'adversaire ne puisse tirer profit d'une situation présente pour une action future.

Il s'agit de faire rentrer l'information importante dans la dark zone, la zone insurveillable.

C'est une forme d'illusionnisme: une misdirection, une action camouflage est employée pour couvrir l'action réelle. Par exemple, dans les transports de personnalités, plusieurs véhicules « leurres » sont exposés à la menace afin de détourner l'attention du véritable emplacement de la cible. Dans les affaires sensibles, au tribunal, il n'est pas rare de voir employer ce principe de faux convoi. Ce fut le cas dans l'affaire des enfants tueurs de Liverpool, véritable bras de fer de contre surveillance entre les autorités anglaises et une population déchaînée contre deux criminels dont elle réclamait la mise à mort.

La question n'est pas de se demander pourquoi on est surveillés, mais comment l'être moins. Une simple modification des habitudes courantes permet de devenir une cible plus « mouvante ». Attention cependant: dans la plupart des filatures, le comportement de la cible est consigné, en sus de ses déplacements, et souvent une attitude extérieurement trop paranoïaque fait l'objet de rapports colorant négativement le dossier. Il faut donc veiller à être naturel.

Le comportement du bon père de famille.

La méthode de protection est la même que celle utilisée en informatique: une stratégie multi-niveaux. Aucune information personnelle ne doit être diffusée à une personne non essentielle. C'est le principe du Need To Know. Sorti de ces individus élus (famille, cercle restreint), chaque membre des autres surfaces sociales doit rester ignorante de vos activités. Pour cela il convient de monter une légende, en utilisant, pourquoi pas, de la désinformation. Un bon exercice est d'appliquer ce système de contre surveillance sur soi-même, et ce, même en dehors des missions. Cela demande un effort intellectuel, mais aide à développer une créativité importante :

- Aucune (ou fausse) présence sur les réseaux sociaux
- extinction totale des dispositifs traceurs (portable avec batterie ôtée mis dans une poche RFID)
- Planification de rdv à des endroits tout le temps différents.
- Sur un trajet, retour différent de l'aller.

- Étude des différentes routes pour se rendre à ses rendez-vous.
- Ne jamais être reconnu comme habitué d'un endroit.
- Changement régulier de style vestimentaire.
- Changement régulier de silhouette.
- Projection d'une image de vigilance.
- Ne jamais donner de destination ou d'itinéraire par téléphone, fax, email,...
- Attention accrue lorsqu'un intérêt inhabituel se manifeste pour votre travail, vos voyages, itinéraires, rendez-vous
- encouragement de la spéculation à propos de la vie privée ou professionnelle en donnant de fausses informations
- utilisation de l'environnement et des angles larges (vitrines, carrefours..)
- privilégier les heures de grand passage
- utilisation d'une panoplie de faux noms
- utilisation d'argent liquide
- exploitation des entrées / sorties de parkings / magasins / immeubles pour localiser les suiveurs
- fumigène numérique sur les localisations affichées sur Internet.
- arrêts fréquents dans grandes surfaces pour retourner la traque : profiter de la foule pour suivre le suiveur. (stalker syndrome)
- envoi de fausses dénonciations sur des cibles environnantes, pour vérifier l'effectivité des services
- connaissance de la cartographie : utilisation des réseaux d'entraide pour les radars et barrages,

abonnement sur les comptes Twitter des polices locales, possibilité en temps réel d'estimer les forces environnantes à tout moment

CONTRE SIGINT

Il est aujourd'hui techniquement possible d'écouter et enregistrer les conversations téléphoniques d'un pays grand comme les États-Unis pendant une durée d'un an. La technologie le permet. Du moins les informations que les gouvernements acceptent de faire fuiter au sujet de leurs technologies. Les conversations téléphoniques peuvent également être enregistrées pour le compte des autorités locales (c'est-à-dire nationales). La durée d'enregistrement varie en fonction des pays et en fonction des applications. Ces durées sont en général de trois mois, six mois, un an, ou trois ans. Dans des cas sérieux, les conversations peuvent être transcrites par écrit, pour des durées plus longues.

En France, l'exploitation des données transmises par Edward Snowden a permis de mettre en évidence l'étroite implication des opérateurs téléphoniques et internet avec la section X Telecom du renseignement intérieur. Les services disposent déjà de tous nos historiques de connexion. Partez donc du principe que le flicage est total.

Idem pour le téléphone. De nos jours les compagnies téléphoniques sont liées à la loi par des contrats ou licences qui donnent accès à l'écoute téléphonique aux autorités. Pour les téléphones portables, les données comprennent non seulement l'heure, la durée, la source et le destinataire, mais aussi l'identification de la station ou antenne, d'où l'appel a été effectué, ce qui équivaut à une localisation géographique approximative. Il est également possible de localiser plus précisément un téléphone en comparant l'information d'un nombre d'éléments environnants. Le téléphone mobile est, en termes de surveillance, un handicap et un risque majeur. À ce niveau de surveillance, éteindre ou changer de téléphone ne suffit plus. La seule méthode d'interruption consiste en une neutralisation physique des dispositifs.

L'utilisation d'un portable avec batterie amovible: crash your IPHONE.

C'est pourtant simple. La grande majorité des smartphones sur le marché ont une batterie inamovible. Il n'y a aucune garantie que le téléphone, en veille ou simplement éteint, ne continue pas à envoyer des informations à tel ou tel serveur ou borne permettant une localisation. En outre, quel intérêt d'avoir un téléphone portable si celui-ci doit être raccordé à un mur plusieurs fois par jour ? L'authentique mobilité consiste à utiliser un dispositif avec batterie amovible et de disposer d'une à deux batteries de secours et d'en changer en cas de besoin. Le téléphone ne sera jamais immobilisé, et ses capacités d'émission peuvent être anéanties d'un geste.

Le téléphone pigeon voyageur

Le tout technologique est tellement omniprésent qu'il peut être retourné et devenir une force. Considéré comme drone, un téléphone portable délivre des informations sur sa localisation à l'agent traitant (détective privé ayant recours à un logiciel d'espionnage, services...) mais ne dit rien sur la façon dont il est arrivé à certains endroits.

Mis à part le temps que le téléphone met à se déplacer d'un endroit à un autre, le suiveur n'a aucune information sur son environnement direct. Il peut cependant déterminer le mode de transport grâce à la vitesse supposée. Il est donc simple de faire voyager le drone d'un endroit à un autre pendant que le propriétaire se trouve ailleurs, via un complice, ou, pour simuler un déplacement, via la poste.

La neutralisation par brouillage.

En France, l'utilisation et la commercialisation d'appareils permettant le brouillage de téléphones mobiles sont réglementées. Leur accès par le grand public est tout bonnement interdit. Seules les prisons et les salles de spectacle sont autorisées à en faire usage. La législation interdit leur commercialisation hors de ce cadre, et l'article L 39.1 du Code des postes et communications électroniques réprime le fait « De commercialiser ou de procéder à l'installation d'appareils conçus pour rendre inopérants les téléphones mobiles de tous types, tant pour l'émission que pour la réception [...] est puni de six mois d'emprisonnement et de 30 000 euros d'amende ».

Pourtant, une simple recherche Internet permet d'acheter un brouilleur de fréquence pour une centaine d'euros, et d'être livré en 24 heures, en France. En pratique, la plupart des dispositifs de ce prix sont assimilables à une farce et attrape, brouillant les ondes dans un rayon inférieur à une dizaine de mètres. De quoi tenter de sécuriser un bureau sans neutraliser les téléphones de son voisinage. Tout en se rendant coupable d'une infraction, puisque l'utilisation de ces dispositifs est réprimée légalement au même titre que leur vente. À considérer comme un gadget.

Ne pas oublier la puce RFID

Un système RFID est composé d'une ou plusieurs étiquettes (ou tags), de lecteurs et d'un système informatique permettant l'exploitation des données. De nos jours l'ensemble des smartphones en est doté pour des applications de paiement / interaction sans contact. Il existe différents types d'étiquettes : passives, semi-actives et actives. Une étiquette passive ne nécessite aucune source d'énergie en dehors de celle fournie par le lecteur au moment de son interrogation. Cela signifie qu'elle continue à avoir un effet, même si le téléphone est éteint et la batterie retirée. Une étiquette active est aussi équipée d'une batterie et émet constamment des ondes radio signalant sa présence

Dès l'instant où un objet ou une personne possède une étiquette RFID, il peut être suivi par n'importe quel lecteur capable de lire son étiquette. Ainsi dans les domaines utilisant la RFID à des fins légales, son usage peut être détourné pour réaliser des traçages malveillants des étiquettes et de leurs porteurs. Aujourd'hui, la captation d'infos RFID est même devenu une technique facile de fraude à la carte bleue. Pour neutraliser une puce RFID, il existe une solution simple: la poche « blindée » : un étui anti-identification par radiofréquences. À toute mesure, sa contre-mesure.

L'email qu'on n'envoie jamais....

En ce qui concerne les échanges emails, il demeure une technique qui neutralise beaucoup d'interceptions: utiliser une adresse email connue seulement des interlocuteurs, et ne jamais envoyer de mail avec. Au contraire, donner le mot de passe au destinataire, et communiquer en s'écrivant des messages dans le dossier brouillon. Sans jamais envoyer le moindre courriel. Si les informations d'origine, livrant l'adresse et le password, se déroulent dans le monde réel et non sur la sphère numérique, il va être difficile pour l'espion d'identifier ce canal de transmission. C'est le retour à l'ancienne « boîte aux lettres » utilisée par tous les services de renseignement du monde. Néanmoins, cette ruse a été utilisée trop souvent par Al Qaida, dès lors de nombreux fournisseurs d'accès procèdent désormais à des détections aléatoires des comptes mails qui fonctionnent de la sorte.

Réseaux sociaux: du fake, ou rien.

Sur les réseaux sociaux la stratégie est simple : les bannir ou ne s'en servir qu'à diffuser de fausses informations. Facebook, Twitter, Tumblr, Instagramm, autant de traces laissées par des millions d'internautes tous les jours. L'actualité récente nous a démontré que les enquêtes criminelles prennent désormais en compte ce facteur. Dans le monde du spectacle il en va de même, et il n'est plus rare de voir un mentaliste se renseigner au préalable sur les spectateurs ayant réservé leur billet, utilisant ce qu'il a sous la main : les réseaux sociaux. Il y a un siècle, Corinda établissait des fiches pour chaque personne rencontrée lors d'un spectacle. Sherlock Holmes fait de même avec son fichier criminel. Parfois, une rencontre se reproduisait, et muni d'informations précises, il était capable de simuler des miracles. Aujourd'hui, ces informations sont en libre service. Le Hot reading est à la portée de tous. Alors, pourquoi pas un tiers anonyme ayant décidé de travailler sur votre cas ?

L'ordinateur poisson rouge

C'est la partie délicate. De nos jours aucun ordinateur ne résiste à un examen poussé. Cela en raison d'un principe simple: les données résidentes dans la mémoire ou le disque dur. Pour neutraliser les tentatives de surveillance, rien ne vaut un système tampon, temporaire, qui ne sert que pour une utilisation, et dont l'ordinateur ne conserve aucune trace. Bien sur le noyau d'un tel système sera une mouture Linux faite pour tourner sur support amovible (clé USB carte SD ou disque dur externe)

Chapitre 4: Comment évaluer les personnes?

a. Les différents types de personnalités

Le "Myers Briggs type indicator" (ou MBTI) est le test psychologique le plus utilisé au monde. Il vous permet de vous situer parmi 16 types de personnalité, et peut aider à s'orienter ou à améliorer ses relations aux autres.

Découvrir son type de personnalité en quatre questions

Ce test, mis au point par une Américaine (Isabelle Briggs-Myers) à partir des travaux du célèbre psychiatre Carl Gustav Jung, est à la fois très sérieux et très simple. Il suffit de repérer ce qui est pour vous le plus spontané au cours de 4 "processus mentaux" suivants :

- Où puisez-vous votre énergie : dans votre univers intérieur (introversion "I"), ou à partir de l'environnement extérieur (extraversion "E") ?

- Comment recueillez-vous l'information : par vos 5 sens (la sensation "S"), ou en vous confiant à votre "6ème sens" (l'intuition "N") ?

- Qu'est-ce qui entraîne votre décision : le raisonnement logique (la pensée / think ou "T"), ou vos valeurs (sentiment/ feel ou "F") ?

- De quelle manière vous lancez-vous dans l'action : en échafaudant des plans (jugement "J"), ou en vous adaptant aux circonstances (perception "P") ?

Vos réponses se résument en 4 lettres qui, mises bout à bout, constituent votre type MBTI : INFP, ou ESTJ, ou INTJ, etc. Il y a 16 résultats possibles et chacun correspond à un type de personnalité. Vous voulez trouver le vôtre ?

1/ Où puisez-vous votre énergie : introversion ou extraversion ?

Découvrir son type de personnalité en quatre questions :

L'introverti (I) n'est pas une personne "coincée" ! Mais il réfléchit posément avant d'agir, et ne craint pas la solitude. Au contraire, il défend son indépendance et observe beaucoup avant de s'engager. À la fin d'une mauvaise journée, il aime rester au calme avec lui-même pour recharger ses batteries. Au contraire, l'extraverti (E) a besoin de décrocher son téléphone et de raconter ses malheurs pour se sentir mieux. Il va plus vite vers les autres, aime créer des liens et appartenir à un groupe. Il parle volontiers et s'exprime spontanément sur des sujets variés.

Alors, vous êtes plutôt "I" (introverti) ou "E" (extraverti) ?

Remarque : aucune réponse n'est "meilleure" qu'une autre, car chaque caractère a ses richesses. Le but du test n'est d'ailleurs pas de vous classer ou de vous sélectionner. Répondez donc sincèrement !

2 / Comment recueillez-vous l'information : sensation ou intuition ?

Le sensitif (S) croit ce qu'il voit. Attentif aux faits concrets, à la réalité qu'il peut toucher, voir, goûter, il est l'adepte du carpe diem : il profite de l'instant présent. Méthodique, il a le sens du détail et procède étape par étape : il lit scrupuleusement le mode d'emploi du dernier gadget high tech qu'on vient de lui offrir.

L'intuitif (N), en revanche, a tendance à "deviner" les situations, à suivre son instinct et à faire des plans sur la comète. Pas le temps de lire le mode d'emploi, il a trop de projets en tête. Il s'intéresse davantage aux idées et aux grandes synthèses qu'aux détails et aux faits précis. Il aime tout ce qui est nouveau et original, alors que le sensitif apprécie plutôt ce qui est pratique et éprouvé. Êtes-vous plutôt "S" (sensitif) ou "N" (intuitif)?

3/ Qu'est-ce qui entraîne votre décision : pensée ou sentiment ?

Le penseur (T) joue souvent l'avocat du diable car il adore argumenter et décortiquer les idées. Plutôt calme, il cherche la logique en tout et s'exprime de façon directe : toute vérité, ou presque, est bonne à dire. Quelle que soit la situation, il souhaite que justice soit faite de façon objective. Pour prendre une décision, il pèse le pour et le contre et garde la tête froide.

Le sentimental (F), lui, donne plutôt la priorité à l'humain, au cœur. Plus subjectif dans ses décisions, il est d'abord en quête d'harmonie. Diplomate et sensible, il remarque les qualités des gens et leur fait des compliments sans hésiter. Mais il se vexe aussi facilement ! Plutôt T (penseur) ou F (sentimental) ?

4/ De quelle manière vous lancez-vous dans l'action : jugement ou perception ?

Le juge ("J") adore suivre son plan d'action. Le repos vient après le travail et en est la récompense. Ponctuel, il aime vivre dans un cadre défini. Il ou elle aime par exemple préparer ses vacances à l'avance. Il n'apprécie guère les tergiversations : il faut prendre des décisions !

Le perceptif ("P") s'adapte aux situations avec souplesse. Il a tendance à remettre son travail à plus tard, et s'engage difficilement. Les vacances arrivent ? "On improvisera, vive la liberté !", pense-t-il. Plutôt "J" ou plutôt "P" ?

Quels sont les types de personnalité ?

Votre profil MBTI se résume donc en 4 lettres : INTP ou ESFP, etc. Mais derrière ces quatre lettres, il y a un type de personnalité, qui ne peut se résumer à une étiquette :

INTP : le chercheur

Caractère

On pourrait le comparer à un (ou une ?) professeur Tournesol : plutôt brillant intellectuellement, il passe son temps à chercher à expliquer les choses, à bâtir des théories, à trouver des solutions. Ce qui l'intéresse pourtant, ce n'est pas l'application, mais la réflexion : une fois son problème résolu, il passe vite à autre chose, se souciant peu de mettre en pratique.

Très rationnel, il est aussi créatif et non conventionnel : il cherche ses solutions et ses explications, sans craindre de démolir les idées préconçues ou les théories déjà admises.

Relations

Absorbé par ses pensées et ses analyses, guidé par les faits et la logique d'abord, l'INTP a un peu de mal à percevoir que les autres peuvent fonctionner différemment. Il ne comprend pas certaines réactions humaines, dictées par l'émotion, car elles lui apparaissent irrationnelles et insensées. Les autres le trouvent d'ailleurs souvent un peu froid, et il a du mal à répondre aux besoins affectifs de ses proches.

Il n'a pas grande facilité non plus à aller vers de nouvelles personnes mais, par contre, est très heureux de discuter et recherche la compagnie de ceux qui peuvent partager ses idées et ses schémas de pensée.

Activités

Il aime apprendre pour apprendre, est capable de synthétiser une incroyable quantité d'informations et de faire des plans à l'infini pour trouver la meilleure solution à un problème. Que ce soit pour réparer un robinet, un logiciel, ou préparer ses vacances, ce perfectionniste est prêt à passer des heures et même des jours pour bâtir un projet et l'améliorer sans cesse. C'est un expert, mais pas un leader : commander et manager les autres ne l'intéresse pas, il préfère commander ses idées et avoir son indépendance ! Il a par contre toutes les qualités d'un chercheur, et plusieurs grands savants sont d'ailleurs des INTP.

INTJ : l'organisateur

Caractère

L'INTJ aime comprendre et analyser le monde. Doté d'une grande curiosité intellectuelle, il associe des idées et des informations, et il bâtit des stratégies pour l'action. Car s'il a le goût des idées, il a aussi le souci de les mettre en pratique. Contrairement à l'lNTP qui reste dans un monde théorique et abstrait, il veut aboutir à du concret. Perspicace, organisé, il recherche l'efficacité. Tendu vers le futur, il aura tendance à négliger les détails du présent.

Relations

Comme tous les introvertis, l'INTJ vit d'abord dans son monde. Spontanément, il ne s'intéresse pas énormément aux pensées et aux émotions des autres, à moins que ceux-ci n'apportent leur pierre à ce qui l'intéresse.

Il a toutefois des capacités de leadership : il ne cherche pas d'emblée à prendre la tête, mais peut s'y décider s'il voit que l'on a besoin de lui. Il agit alors de façon efficace, grâce à ses capacités stratégiques d'analyse des situations. Il réussit d'autant mieux qu'il s'efforce d'expliquer ses intuitions aux autres. Dans l'intimité, avec ses proches, il peut avoir du mal à exprimer ses sentiments et être perçu comme distant.

Activité

Plutôt ambitieux, il aime le travail intellectuel et l'analyse. Doté à la fois de rationalité et d'intuition, il a parfois l'étoffe d'un scientifique. Il est toutefois beaucoup plus intéressé par l'analyse de systèmes ou d'ensembles, ou encore par l'organisation, que par la relation de personne à personne.

ENTJ : l'entrepreneur

Caractère

Leader dans l'âme, l'ENTJ voit partout des défis à surmonter, et il veut être le premier à les relever. Rapide à appréhender la complexité, il enregistre de nombreuses informations au cours de ses journées et prend de fermes décisions au moment voulu. Il a une "présence" particulière, une personnalité marquée et entière.

Relations

L'ENTJ aime beaucoup les contacts et les débats, mais n'est pas très à l'écoute des sentiments des autres. Il peut ressentir des émotions fortes, qu'il ne manifeste pas afin de cacher ce qu'il considère comme une faiblesse. Il exprime parfois des jugements de valeur non fondés car trop rapides. Il doit veiller à respecter les opinions de ses proches ou collaborateurs. Il valorise les relations avec son conjoint et l'éducation de ses enfants.

Activité

Doué pour diriger des personnes, l'ENTJ repère les leaders d'une entreprise. Il ne supporte pas que des erreurs se répètent et n'a aucune patience avec des collègues incompétents. Il accorde une grande importance à ses missions et sait élaborer des plans d'action efficaces. Il apprécie un environnement élégant et bien aménagé.

ENTP : l'inventeur

Caractère

L'ENTP est avide de comprendre le monde. Il absorbe des informations et enregistre des images et des expériences en continu. Il utilise son intuition pour agir, généralement de façon rapide et précise.

En cas de stress, il peut aussi être obsédé par des détails mineurs et ne pas prendre de distance avec les faits. Optimiste visionnaire, il a beaucoup d'idées, aime les défis et conçoit des solutions créatives aux problèmes qu'il rencontre.

Relations

Ouvert, direct, il aime la conversation, l'échange et les joutes verbales. Enthousiaste, l'ENTP a le don de rallier les autres à ses projets. Il lui arrive aussi de négliger les aspects humains dans ses décisions très rationnelles : il devient sévère, voire agressif, et se retrouve isolé. Il a des talents d'avocat, car il se sert des failles de la loi pour porter secours à ses amis, sans se soucier de qualifier leurs actes.

Activité

Avec ses qualités d'observation du réel, son intuition, son esprit logique et ses aptitudes à communiquer, l'ENTP a des atouts pour réussir dans un grand nombre de secteurs, si cela l'intéresse. Plus motivé par l'élaboration d'un projet que par sa réalisation concrète, il peut avoir tendance à ne pas achever ce qu'il commence. Il s'épanouit davantage dans des environnements où il a suffisamment d'autonomie pour exercer sa créativité, développer des idées, et résoudre des problèmes. À l'inverse, un cadre trop routinier et où il manque d'initiative lui va moins bien.

INFP : l'idéaliste

Caractère

L'INFP est fortement attaché à des valeurs qui orientent toute sa vie. Il fait partie de ceux qui veulent rendre le monde meilleur, a le sens de l'autre et du service. Il est prêt à se consacrer tout entier à la cause qu'il défend, il a un idéal et veut donner du sens à sa vie. Perfectionniste quand il s'agit d'atteindre ce qui lui tient à cœur, il peut négliger des détails de la vie quotidienne plus "terre à terre".

Relations

Réservé au premier abord, l'INFP a pourtant de belles qualités pour nouer des liens profonds avec les autres. Il ou elle est facilement à leur écoute car il s'intéresse aux autres, et aime les aider. Fidèle, il peut nouer des amitiés profondes, et s'engage avec intensité en amour.

Sa grande sensibilité aux émotions lui fait rechercher l'harmonie, le consensus. De ce fait, il n'aime pas les conflits et fait tout pour "arrondir les angles". Il peut toutefois sortir de ses gonds et se laisser emporter par la colère ou l'émotion si les valeurs auxquelles il tient sont attaquées.

Activité

À travers la vie professionnelle, l'INFP poursuit sa quête de sens et d'idéal. Il veut être utile aux autres et apporter sa pierre à ce monde. Ses qualités d'écoute, sa sensibilité, son tempérament passionné sont à mettre à son actif. Il n'est par contre pas très à l'aise avec la logique. Il s'exprime souvent très bien à l'écrit, et beaucoup d'écrivains ont le type INFP.

ENFP : le psychologue

Caractère

L'ENFP, intuitif, jauge le monde à l'aune de ses valeurs personnelles. Chaleureux et naturel, enthousiaste et vif d'esprit, il se passionne pour les idées nouvelles. Sa tendance à vivre dans un monde virtuel le conduit à déprécier la réalité. Il a besoin de changements et de nouveaux défis en permanence. Il aime la vie, qu'il voit comme un don, et en profite. Son look est souvent original.

Relations

L'ENFP a tendance à en faire trop pour être aimé. Il s'adapte beaucoup aux personnes et doit apprendre à tenir compte de ses propres besoins. Il comprend intuitivement les gens, mais se trompe parfois dans ses conclusions. Sensible et sentimental, il n'ouvre vraiment son cœur qu'aux personnes de confiance. Il peut obtenir ce qu'il veut par son bagou, mais il le fait seulement si cela correspond à ses valeurs. Il sait inspirer et motiver les autres, et entretient un grand réseau amical.

Activité

Il aime les activités créatives, spontanées et relationnelles. Les détails de la vie quotidienne l'intéressent peu, et il les néglige à l'occasion. Il doit donc veiller au suivi de ses projets. Il change facilement d'occupation ou de métier, et a pour ligne de conduite la quête de sa vraie personnalité. Contrairement à d'autres « extravertis », il a de temps en temps besoin de s'isoler pour vérifier qu'il est en accord avec ses valeurs.

INFJ : le conseiller

Caractère

Calme et attentionné, fortement intuitif, l'INFJ a une personnalité complexe. C'est le plus rare des types du MBTI... Il refait le monde – et son monde – en permanence. Pour lui, tout peut être amélioré. Il est très créatif, et arrive à des résultats surprenant sans savoir l'expliquer. Il fait confiance à son instinct, qui s'avère juste dans de nombreux cas. Il est convaincu d'avoir (presque) toujours raison. Il paraît moins ordonné que d'autres types « juge » (bureau en désordre, par exemple).

Relations

L'INFJ devine de façon troublante les gens et les choses... Il n'exprime pas forcément ce talent à la limite du 6e sens, par peur d'être considéré comme étrange. Il peut, par exemple, être submergé par les émotions des autres. Il s'efforce d'être diplomate, cherche l'harmonie et supporte mal les conflits, qui le conduisent à l'agitation, à la colère, voire à la somatisation. Ses idéaux élevés, pour lui et pour sa famille, le rendent parfois intraitable. Il tisse des liens forts avec ses enfants, à qui il manifeste beaucoup d'amour et une grande attention.

Activité

Attaché à son indépendance, l'INFJ perd son aisance s'il doit être exposé trop longtemps à un public, ou acculés à régler des détails matériels. Sous stress, il se voit entouré d'ennemis. Il a alors besoin de revenir à la logique et d'observer les faits. Il travaille de façon solitaire avant de s'exprimer ouvertement, parfois en leader pour ce qui concerne ses convictions profondes.

ENFJ : l'animateur

Caractère

L'ENFJ est particulièrement sociable, expressif et ouvert. Il a tendance à fuir la solitude, qui l'ennuie, et à vivre pour les autres, ce qui peut le conduire à ignorer ses propres besoins. Il a peu d'intérêt pour la théorie, mais n'est pas non plus motivé par le train-train quotidien et préfère travailler pour le futur.

Relations

Les compétences relationnelles de l'ENFJ sont particulièrement développées. Il comprend les gens, attire leurs confidences, leur manifeste de l'attention et les aide à donner le meilleur d'eux-mêmes. Il parvient aussi à se mettre dans la peau des autres et peut les manipuler ! Il se donne aux autres pour les rendre heureux et est en général très apprécié. Il valorise particulièrement les relations avec sa famille et ses amis proches.

Activités

Plein d'énergie, l'ENFJ est rapide et s'investit beaucoup dans ce qui l'intéresse. Il aime que son environnement soit bien organisé, et fait en sorte de maintenir des structures de travail claires. Il peut s'avérer pointilleux. Il aime les professions relationnelles, et a des facilités pour le conseil et l'enseignement, tout ce qui lui permet d'inspirer et de conduire d'autres personnes.

ISTP : l'artisan

Caractère

Optimiste et généreux, l'ISTP se contente de peu pour être heureux. Il adore comprendre le fonctionnement des choses, mais n'est pas intéressé par la théorie. Très actif, il s'ennuie vite sans stimulant. Il aime les sports à risque. Il défend son indépendance et n'est limité que par ses propres convictions.

Relations

Loyal avec ses amis, l'ISTP profite des moments de solitude pour construire sa vision du monde. Impartial, il essaye de s'en tenir aux faits pour juger. Il se méfie des sentiments. Il peut manquer de capacité d'écoute et refuser des engagements qui restreindraient son autonomie.

Activité

Attentif aux détails et aux aspects pratiques des choses, l'ISTP bénéficie souvent de talents manuels. Il s'adapte facilement à son environnement et réagit vite face aux imprévus. Efficace dans ses décisions, il sait gérer les crises.

ISTJ : l'administrateur

Caractère

Attentif aux messages de ses cinq sens, l'ISTJ est souvent une personne calme, qui voit le monde de façon rationnelle. Il a le sens des responsabilités et est considéré comme quelqu'un de sérieux, qui fait les choses en temps et en heure. Il est loyal envers les communautés auxquelles il appartient. Il aime prendre soin de son environnement et de tout ce qui a trait à sa vie quotidienne : dans ce domaine, sa devise pourrait être "une place pour chaque chose, et chaque chose à sa place". Il fait preuve d'un sens de l'humour original.

Relations

Perfectionniste, l'ISTJ ne reconnaît pas toujours ses émotions. Il s'efforce de répondre avec fidélité et générosité aux besoins de ses proches, plutôt par des œuvres que par des paroles. Il est capable de sortir de sa réserve pour prendre soin de ceux qu'il aime. Il recherche la paix et la sécurité, et il a tendance à penser que les autres sont aussi exigeants que lui avec eux-mêmes.

Activité

Respectueux des procédures, l'ISTJ peut s'avérer pointilleux. Il travaille dans un but pratique, aime être seul et se trouver en position d'autorité. Il a une bonne mémoire des faits, sait organiser et planifier son travail et aller jusqu'au bout de ses réalisations. Il tient ses promesses et a tendance à aider les autres sans compter, parfois même au-delà du raisonnable et sans en tirer avantage.

ESTP : le promoteur

Caractère

Actif et rapide, l'ESTP aime s'amuser et prendre des risques. Il n'a pas peur de s'investir dans des tâches difficiles. Il vit dans l'instant présent et ne s'encombre pas de théories. Une fois qu'il en a terminé avec un projet, il passe rapidement à un autre. Il aime improviser, raconter des histoires et animer les soirées.

Relations

L'ESTP a le talent spécifique de percevoir les motivations des personnes qu'il fréquente, en observant leur comportement et les expressions de leur visage. Il peut s'en servir pour manipuler... Il ne prend pas de précautions de langage quand il parle, car il est plus attaché à la logique de son discours qu'aux sentiments de son interlocuteur. Il est enthousiaste et sait motiver les autres.

Activité

L'ESTP n'est pas scolaire. Il préfère voir l'aspect pratique de ce qu'il apprend. Il fait un très bon commercial, capable de vendre n'importe quelle idée ou produit au premier venu. En revanche, il ne supporte pas les tâches routinières ou l'enfermement. Doué pour lancer des projets, il laisse à d'autres la tâche d'assurer leur suivi. Son énergie le prédispose à la création d'entreprises.

ESTJ : le manager

Caractère

L'ESTJ vit dans l'instant présent. Très observateur, il note les faits et les besoins concrets de son environnement. Il contrôle ce qui s'y passe, agit avec rapidité et assurance. Respectueux des traditions, des lois et de ses engagements, il attend des autres la même honnêteté.

Relations

Expressif, l'ESTJ aime passer de bons moments avec d'autres. Il a tendance à être exigeant et à critiquer ouvertement ceux qui ne correspondent pas à ses valeurs. Il fait preuve de franchise mais peut négliger les sentiments des autres. Il s'isole en cas de stress, et éprouve alors des difficultés à exprimer ses sentiments.

Activité

Consciencieux, réaliste à l'esprit pratique, il a une vision claire de ce qui doit être fait. Il valorise la compétence et l'efficacité. Très énergique, il est fiable et aime voir rapidement le résultat de son travail.

ISFP : l'artiste

Caractère

L'ISFP est très attaché à ses valeurs. Perfectionniste et artiste, il se juge parfois durement lui-même. Il cherche constamment le sens de la vie et la prend très au sérieux.

Relations

Calme et réservé, il est difficile à connaître. Il ne se confie qu'à ses proches. Délicat et serviable dans ses relations, il veut contribuer au bonheur des autres. Diriger ou contrôler les personnes ne l'intéresse pas. Il défend son indépendance et son originalité, ce qui est parfois considéré comme de l'égoïsme. En réalité, il a une compréhension profonde des gens et les aide par des œuvres plutôt que par des discours.

Activité

L'ISFP est un esthète qui "capte" toutes les sensations de l'environnement et s'en sert pour créer des œuvres qui touchent elles-mêmes les sens. Il apprécie les beautés de la nature et les animaux. Peu attiré par la théorie, il apprend par l'action. L'analyse logique ne lui plaît pas, car elle ignore l'aspect subjectif des choses.

ISFJ : le protecteur

Caractère

L'ISFJ est une personne chaleureuse, généreuse et fiable, qui a un grand sens des responsabilités. Il fait confiance à l'expérience, aux traditions et aux règles éprouvées. Sa vision du monde est réaliste et directe. Il a une mémoire très précise et détaillée quand un événement lui importe. Sensible à l'ambiance d'un lieu, il sait aménager son intérieur avec goût.

Relations

Bienveillant, il valorise la coopération et l'harmonie entre les hommes. Il est sensible et empathique. Il devine facilement ce qui plaît aux autres, et place parfois leurs besoins au-dessus des siens. Il exprime peu ses sentiments et a besoin d'un exutoire. Il peut exprimer des jugements définitifs sur les personnes, mais aussi les aider à comprendre leurs états d'âme.

Activité

Il apprend par la pratique bien plus que dans les livres, et garde en mémoire une énorme quantité d'informations. Il n'aime pas les conflits et ne sait pas toujours dire "non". Il a besoin de feedback positif pour avancer. Il fait confiance aux autres et les encourage à donner le meilleur d'eux-mêmes.

ESFP : l'acteur

Caractère

L'ESFP aime la vie, il est sensible à la beauté et à tous les plaisirs de l'existence. Il cherche à passer de bons moments et à en faire profiter les autres. Il vit dans l'instant et apprécie les expériences nouvelles. Optimiste, il est ouvert à l'ensemble des possibles. Il a confiance dans sa capacité à improviser.

Relations

L'ESFP est généreux, attentif au bien-être des autres et chaleureux. Il aime être au centre de l'attention et faire rire son entourage. C'est un bon comédien. Il se dépasse pour divertir ses amis, et il considère tout le monde comme un ami. En revanche, si on l'attaque, il peut entretenir des rancunes tenaces. Le plus souvent, il est un artisan de paix.

Activité

Spontané, l'ESFP n'est pas motivé par les raisonnements. Il n'aime pas la rigidité et les tâches routinières. Être avec d'autres est important pour lui. Il a un bon contact avec les enfants. Il apprécie aussi la nature et les animaux.

ESFJ : le bon vivant

Caractère

L'ESFJ est chaleureux et serviable, diplomate et consciencieux, enthousiaste et organisé. Fiable, il aime la stabilité. Il s'intéresse aux détails de la vie quotidienne. Il prévoit ce qui doit être fait et le réalise efficacement. Il fait confiance à l'ordre établi et peut être trop crédule.

Relations

L'ESFJ est très relationnel, il aime les gens et fait en sorte que tous se sentent à l'aise près de lui. Il trouve sa joie à faire plaisir, toujours prêt à se sacrifier pour ses proches. Il ne supporte pas la méchanceté. En cas de stress, il a tendance à vouloir manipuler les autres ou à être suspicieux. Habituellement, il devine les besoins des autres et leur manifeste beaucoup d'attention sans rien demander en retour.

Activité

Sûr de ses valeurs, l'ESFJ les communique facilement. Bon coéquipier à l'esprit pratique, il est ordonné et prévoyant. Il aime se donner aux autres et vit intensément le présent.

b. Comment profiler les gens?

Pour comprendre la psychologie des gens et leurs façons d'agir et de se comporter, le profilage est un savoir-faire essentiel. Mettez le monde sur pause et observez les autres. Saurez-vous remarquer les détails et voir au-delà de ce que vous voyez ?

Partie 1: L'idée de base

Comparez les gens à des oignons. Définissez 4 couches d'oignon pour chaque personne. La profondeur que vous serez capable d'atteindre déterminera ce que vous serez capable de lire d'une personne.

La peau : nous, Êtres humains, révélons aux autres notre personnalité et nos traits de caractère sans même nous en rendre compte. Il pourrait s'agir d'une simple conversation à l'arrêt de bus sur la pluie et le beau temps ou d'autres sujets comme les modes de vie et le monde qui nous entoure.

La seconde couche : les gens que nous apprécions ou apprenons à mieux connaître, comme les collègues ou camarades de classe, sont en mesure de nous analyser bien mieux, en raison du confort et de la confiance qui caractérisent la relation que nous entretenons.

La troisième couche : les liens forts, comme celui que vous avez avec votre mari ou votre meilleur ami, créent un sentiment « scellé » de sécurité entre les gens. Cette couche consiste à se présenter à un niveau personnel, comme partager des secrets, faire confiance, expliquer ses peurs et ses angoisses, etc.

Le cœur : chaque personne a un « cœur », des pensées et sentiments qu'elle ne partage avec personne. Cette couche est surtout d'ordre psychologique, car elle se réfère à la subjectivité des choses et à leur acceptation ou impossibilité d'être acceptées.

Éliminez les barrières de projection autour de vous. Préparez-vous à accepter la vérité telle qu'elle se présente au lieu de vous forcer à croire quelque chose qui n'est pas vrai. De nombreuses situations peuvent naître de la gêne, la culpabilité ou le manque d'assurance qui nous aveuglent et nous empêchent d'accepter la réalité de la vie.

Éliminez vos préjugés. Les préjugés psychologiques dépassent de loin les considérations ethniques ou sexuelles. Prenez conscience que vos préjugés vous amènent à baser vos opinions sur des idées et non sur des faits ou des connaissances. Gardez votre état d'esprit neutre et évitez ainsi de vous fourvoyer.

Partie 2: S'entraîner à analyser une personne

Analysez une personne que vous connaissez. Évitez de travailler tout de suite sur un inconnu, car il vous faudrait l'observer quelque temps. Vous pourrez choisir votre partenaire, un collègue ou un ami. Reconnaissez son profil « de base ». Le profil de base d'une personne correspond à sa « zone de confort » ou « état de repos ».

Observez son comportement lors de moments insignifiants. Notez la façon dont la personne réagit face à certains évènements, évaluez-la lors de jours différents et voyez la façon dont elle interagit avec son entourage.

Nous agissons tous de façons différentes, que nous soyons soumis au stress du travail ou nous détendions chez nous. Nous agissons également différemment avec les gens, que nous fassions face à quelqu'un avec qui nous sommes en conflit ou une personne à laquelle nous tenons. Recherchez des tendances. Essayez de faire ressortir les traits de caractère et façons d'agir les plus communes que cette personne vous a révélées. Ces tendances seront la base qui vous permettra de discerner les attitudes sincères de la personne de ces attitudes plus fausses.

- Différents tons vocaux (ton normal, excité, apeuré, défensif, etc.)
- Mouvements des yeux

- Expressions faciales
- Langage corporel (la façon dont la personne se tient)

Concentrez-vous sur les indices hors tendance. Listez les moments inattendus, les comportements ou tics de la personne qui ne correspondent pas à son profil « de base ».

Partie 3: Approfondir vos connaissances

Définissez qui est la personne. Définissez la personne selon son apparence, son comportement et son style.

Notez la façon dont elle s'exprime face aux autres. Une voix douce pourrait signifier qu'il s'agit d'une personne timide. Néanmoins, prenez également en compte les facteurs extérieurs, comme la fatigue. Une personne parlant fort pourrait trahir le besoin de se sentir supérieure aux autres ou de vouloir diriger une situation. La voix de la personne change-t-elle lorsqu'elle défend une opinion ou reste-t-elle constante ?

La personne communique-t-elle avec vous de façon mature ou immature ? Vous pourriez déduire de cela son niveau d'études et ses connaissances en vocabulaire. Assurez-vous de savoir différencier les exagérations, sarcasmes, argots et autres expressions verbales utilisées dans une conversation. Analysez le choix des mots selon le contexte et déterminez ainsi si la personne a une bonne éducation ou si elle tente simplement de paraître plus intelligente qu'elle ne l'est.

Analysez son espace personnel. Comparez son intérieur ou son bureau à la façon dont la personne se présente au public. Dans quel genre de quartiers vit-elle ? Si la personne vit dans un quartier défavorisé, vous pourrez en déduire qu'elle dispose de moins de moyens financiers qu'une personne vivant dans un quartier riche.

Les capacités d'organisation peuvent en dire long sur la personne, mais ne jugez pas si vite ! Si la personne a une vie très occupée, un intérieur mal tenu pourrait simplement révéler qu'elle n'a pas eu le temps de faire du rangement. Alors que le désordre de l'intérieur d'une personne qui aurait le temps de mettre de l'ordre pourrait être un signe de paresse. Généralement, plus une personne est organisée et souhaite le montrer, plus elle est sûre d'elle et moins elle est stressée face à différentes situations.

Comment la personne partage-t-elle sa vie personnelle avec les autres ? Beaucoup d'entre nous ne sont pas à l'aise à faire cela en public et si vous entrez dans le bureau de cette personne, vous ne verrez ce qui correspond à sa « zone de confort professionnelle ». Beaucoup de gens, dont des psychologues et des médecins, placent des photos de leurs familles sur leurs bureaux. Cela pourrait vous indiquer que cette personne est proche de sa famille et aime penser à eux en regardant ces photos.

Analysez son style vestimentaire. Analysez les vêtements de la personne de la même façon que vous analysez sa voiture ou son intérieur. La façon dont une personne s'habille et se présente peut en dire long sur ses capacités d'organisation. La personne est-elle habillée de façon soignée ou débraillée ? Ses vêtements sont-ils davantage adaptés à un environnement professionnel ou à des vacances à la plage ?

Qu'en est-il de sa coiffure ? Les cheveux de la personne laissent-ils penser qu'elle a passé du temps à se coiffer ou a elle à peine pris le temps de se regarder dans le miroir ? Vous pourrez ainsi en déduire si la personne se présente aux autres comme elle est ou souhaite renvoyer la meilleure image d'elle possible. Quel genre de chaussures la personne porte-t-elle ? Ses chaussures sont-elles toujours parfaitement cirées ou porte-t-elle plutôt des sandales usées par le temps ?

Suivez ses réactions à des situations inattendues en public. Si elle rote, le fait-elle remarquer ou essaie-t-elle de le camoufler ? Éructer, éternuer et tousser peuvent révéler si la personne a de bonnes manières ou non. Détectez le mouvement de ses yeux. La personne vous regarde-t-elle droit dans les yeux ou a-t-elle le regard fuyant ? A-t-elle tendance à détourner le regard lorsqu'on lui demande une réponse sincère ? Analyser le regard de la personne pourrait vous permettre de détecter lorsqu'elle ment.

Évaluez si la personne est à l'aise en présence d'autres personnes. Certaines personnes tendent à être nerveuses, en particulier en présence de beaucoup de monde et cherchent alors un moyen de fuir ces situations. Les gens impatients tendent à se positionner de façon pus crispée que les individus décontractés. Ils sont également constamment en train de tripoter quelque chose, de se mordre la lèvre, de soupirer ou regardent leur montre ou téléphone plus souvent que nécessaire.

Conseils

Profiler les gens est utilisé dans des situations de tous les jours, lors d'entretiens professionnels comme lors de parties de poker.

c. Exercices pratiques pour apprendre à manipuler

Voici une série d'exercices pratiques pour vous entraîner au quotidien :

EXERCICE N°1 : OBSERVATION

Voici l'exercice de base du mentalisme, observer. L'observation est très importante pour commencer votre formation de mentaliste, car vous ne devez plus vous passer d'aucun détail si vous voulez progresser rapidement dans ce domaine. À la fin, vous devez avoir adopté le sens de l'observation et le sens de l'analyse, de la déduction.

Application : Trouvez un endroit animé (place publique, restaurant, plage animée, etc.), posez-vous tranquillement et observez tout ce qui vous entoure. Le but de cet exercice sera de retenir un maximum de détails de ce que vous venez de voir. Pour cela, vous devez procéder par approfondissement, autrement dit vous devez commencer par observer (et vous décrire mentalement) l'environnement, puis les acteurs en mouvement dans leur globalité (nombre de personnes, groupes...) , puis prendre les personnes une par une et les décortiquer discrètement (vêtements, environnement personnel, détails physiques, mouvements corporels...). Observez 30 secondes, pas plus. Vous vous poserez ensuite des questions sur ce que vous venez de voir :

- de quelle couleur était la berline qui vient de passer ?
- combien y a-t-il d'arbres ?
- que porte l'homme assis devant moi ?
- Ainsi de suite

Puis recommencez pour 30 autres secondes. Cet exercice vous sera très utile par la suite pour analyser des situations et des gens en 5 secondes, grâce au Cold Reading.

EXERCICE N°2 : GAGNER LA CONFIANCE D'UN INCONNU EN 1 MINUTE

Devenir plus sociable, ne plus avoir peur face à un(e) inconnu(e), tous les mentalistes en rêvent car se rapprocher des gens, c'est mieux les connaître et mieux appréhender leur personnalité.

Cet exercice part du principe suivant : vous devez inciter les autres à s'ouvrir à vous en devenant vous-même plus sociable. Cet entraînement distingue 2 sessions :

Souriez et dites Bonjour

Il faudrait, dorénavant que vous disiez Bonjour au plus de monde possible. Pour cela, rien de plus simple si vous habitez dans un milieu rural, des petits villages... vous pouvez facilement souhaiter le bon jour aux gens que vous croisez dans la rue. C'est toujours crispant de croiser quelqu'un qui fixe inexorablement l'horizon et ne vous regarde pas quand il/elle passe à votre hauteur ; Vous lui dites un Bonjour frêle, la personne se demande ce que vous venez de dire, elle bouge tout juste les yeux, quant à vous, vous vous sentez mal-à-l'aise, et vous repartez avec une mauvaise impression de cette rencontre.

Pour y remédier, il y a une solution. Lorsque vous considérez que la personne que vous allez croiser peut distinguer correctement votre visage (donc quand vous distinguez correctement le sien), regardez-la sans baisser le regard. Quand vous arrivez à quelques mètres l'un(e) de l'autre, souriez-lui ; puis lorsqu'elle vous sourit à son tour, dites un franc et sympathique « Bonjour ! ».

Encore mieux, si vous habitez près de la montagne comme moi, faites des randonnées, non seulement c'est bon pour la santé, mais c'est aussi un excellent moyen de se décomplexer des salutations, puisque la coutume veut que lorsque vous croisez quelqu'un qui fait de la rando, vous lui disiez Bonjour.

Si vous habitez en milieu urbain, pas de panique ; vous ne pouvez pas dire bonjour à tous les gens que vous croisez dans la rue, certes, mais mettez à profit les conseils ci-dessus (sourire et dire bonjour) en entrant dans les petits commerces (boulangerie, épicerie, etc), ou encore aux caisses de supermarché, dans les administrations publiques, etc.

Rentrer en contact

Certes, il est bien beau de sourire et de dire bonjour me direz-vous, mais en quoi cela sert à ce que les inconnus aient confiance en nous, puisqu'on ne fait que les croiser ? Je vous répondrai « vous avez tout à fait raison ! » ; mais la première session ne sert qu'à vous entraîner pour le moment venu, lorsque vous aurez à vous adresser à un inconnu. Et quand cela vous arrivera, voici le comportement que vous devrez adopter :

- Évidemment, SOURIEZ ! Ne ratez pas une occasion de sourire. Il faut inciter la personne en face de vous à sourire, car souvenez-vous : le sourire est contagieux !

- Touchez-lui l'avant-bras. Cela induira la confiance, modifiera favorablement les jugements esthétiques, et créera une humeur positive chez votre interlocuteur.

- RENTREZ DANS SA ZONE PERSONNELLE, par intermittence. C'est important, vous ne pouvez pas rester dans sa zone personnelle : vous y rentrez (pour rire par exemple, souvent quand on rit, on a tendance à se pencher en avant) cela dure 2 secondes, puis vous ressortez. Vous recommencez quelques fois. Vous n'êtes pas obligé d'y rentrer en entier, vous pouvez seulement vous pencher, toucher la personne, etc.

- PARLEZ D'UNE VOIX DOUCE MAIS ASSURÉE. Si vous donnez l'impression d'avoir de l'assurance, votre interlocuteur aura plus facilement confiance en vous.

- SYNCHRONISEZ-VOUS ! Je ne vous le dirai jamais assez, la synchronisation est puissante, servez-vous-en.

EXERCICE N°3 : RÉCOLTER QUELQUES EUROS DANS LA RUE, EN 10 MINUTES

Utilisez tout d'abord la technique du pied dans la porte suivie de celle de la porte au nez, puis du « même un rien m'aiderait », accompagnées d'un toucher de l'avant-bras, tout cela en souriant.

Application : Vous devez prendre le bus de manière imprévue, mais vous vous rendez compte qu'il vous manque de la monnaie ; vous décidez alors d'aborder un inconnu dans la rue pour lui demander de vous dépanner :

– Bonjour, vous auriez l'heure s'il vous plaît ? (en souriant)

– Bien sûr, il est 14h36.

– "Merci beaucoup, vous êtes très aimable..." vous vous apprêtez à repartir, vous tâtez vos poches, et faites mine de vous rendre compte qu'il vous manque de la monnaie ; "Je suis désolé de vous demander ça, (vous lui touchez le bras) mais je me rends compte que je n'ai pas de monnaie et je dois prendre le bus d'urgence... pourriez vous me dépanner de 4€ ?"

– Euh…

– Euh non, 4€ c'est peut-être un peu trop, vous avez raison… alors pouvez me dépanner juste de 50 centimes ? ou même 30 centimes, même un rien m'aiderait…

– Bon, voilà 70 centimes…

– Merci beaucoup, bonne journée !

Et voilà, faites cela avec quelques personnes et vous récolterez facilement 5 à 10€ en un rien de temps.

EXERCICE N°4 : LA DEMANDE IMAGÉE

Sachez-le, faire imaginer à votre interlocuteur le service que vous venez de lui demander, l'aide à accepter inconsciemment ce dernier. Mais comment faire en sorte subtilement que votre interlocuteur s'imagine réaliser ce service ?

Prenons un exemple concret, vous demandez à un ami de vous prêter sa voiture pour faire une course. Il vous donne un non catégorique ; pas de chance, il ne compte pas accepter. Il vous reste alors un ultime coup qui, soit marchera, soit pas du tout. Mais « Qui ne tente rien, n'a rien » ! Proposez-lui alors un marché : si vous réussissez à trouver le nombre entre 1 et 100 qu'il aura préalablement choisi dans sa tête, il doit accepter, sinon vous laissez tomber. Évidement, vous ne trouverez pas le nombre auquel il aura pensé (à moins d'un gros coup de chance), mais il acceptera sûrement le marché, après avoir réfléchi à celui-ci, enclenchant dans sa tête l'imagination du service que vous lui avez demandé. Et suivant la loi énoncée ci-dessus, vos chances qu'il accepte augmenteront.

Chapitre 5 : Analyser les individus en milieu professionnel

a. Cernez vos collègues en 6 questions

« Alors, ton week end ? » « Comment c'était tes vacances ? » « Ta réunion avec ton chef, ça s'est bien passé ? » Poser toujours les mêmes questions à vos collègues devant la machine à café ne suffit pas à les connaître. Pour décrypter les personnalités professionnelles, il existe une méthode : la Process Communication.

Cet outil d'évaluation des comportements a été utilisé pour la première fois par la Nasa au début des années 80. Il visait à estimer la compatibilité entre les astronautes et à éviter ainsi les conflits. Aujourd'hui, c'est une formation répandue dans les entreprises. « Plus de 130 000 personnes en France ont suivi une formation Process Communication », indique le site Internet officiel français de la formation.

La méthode consiste à déterminer grâce à des tests, à quel profil vous correspondez le plus parmi les 6 tempéraments prédéfinis : empathique, travaillomane, rebelle, persévérant, promoteur et rêveur. Si seule une formation en Process Communication attestera de votre personnalité, ces profils sont tout à fait détectables pour qui fait preuve d'un brin d'observation. Postez-vous à la machine à café et faîtes le test des 6 questions, inspiré par un formateur en Process Communication.

N°1 : la question affective

« Salut Ludo, tu as changé de coiffure ? »

Votre collègue sourit ? Il est flatté car vous vous intéressez à lui ? Alors il correspond au profil de l' « empathique ». Autrement dit, de celui qui cherche avant tout à être aimé et qui attendra de l'autre qu'il soit attentionné.

N°2 : la question professionnelle et responsable

« Tu prends un café ? »

Il vous répond que non, qu'il n'a pas le temps ? Votre collègue est un « travaillomane ». Il cherche à prouver qu'il est compétent et attend des autres une attitude professionnelle et responsable.

N°3 : la question décalée

« J'adore tes chaussettes rouges ! Pourquoi n'en porterais-tu pas des jaunes clinquantes ? »

Son sourire remonte jusqu'aux oreilles ? Il surenchérit et vous répond que justement, il s'en est procuré des orange mais qu'il n'a pas encore trouvé la cravate assortie ? Cette personne-là cherche à s'amuser. Mais sa principale inquiétude sera de savoir que vous l'acceptez tel qu'il est. C'est un « rebelle ».

N°4 : la question engageante

« Que penses-tu des nouvelles mesures sociales prises par le comité d'entreprise ? »

A peine la question énoncée, l'interrogé s'éprend d'un discours mêlant valeurs, principes et quasi-militantisme ? Vous avez à faire à un « persévérant ». Quelqu'un qui voudra vous prouver qu'il est digne de confiance et qui en cherchera autant chez les autres.

N°5 : la question « challenge »

« Tu vas participer au marathon organisé par la boîte ? »

« Bien sûr, ça va être génial ! », vous répond-t-il ? Votre collègue est peut-être un « promoteur ». Mal à l'aise avec les sentiments, il se mettra en quête d'action et de gain. Il voudra savoir combien il gagne avant de s'engager.

N°6 : la question intégrante

« Et toi, qu'en dis-tu ? »

Touillant son café il ou elle ne vous répond pas ? Pas d'inquiétude. Votre collègue est un « rêveur ». Il n'aime pas trop discuter et vous n'aurez pas toujours de réponses concrètes de sa part. Néanmoins, en l'intégrant à la conversation, vous aurez déjà fait beaucoup pour lui car celui-ci se préoccupe de savoir s'il est accepté.

b. Comment décrypter son supérieur ?

N'avez-vous jamais rêvé de savoir ce que votre boss a dans sa tête ? De pouvoir déchiffrer en toute discrétion ce qu'il ressent, ce qu'il pense ? De savoir s'il est de bonne humeur ou s'il vaut mieux le laisser tranquille ?

Cette idée de décrypter son boss vous a forcément au moins une fois traversée l'esprit. J'aimerais partager avec vous les règles essentielles pour décrypter le comportement et les attitudes de votre supérieur hiérarchique. Les postures de "prises de territoire" sont très souvent employées par un supérieur hiérarchique. Les relations avec son patron peuvent être parfois complexes. Tantôt joyeux, tantôt grognon – on ne sait jamais sur quel pied danser. Que faut-il faire ? Aller lui parler de ce projet ? Rester derrière votre ordinateur pour ne pas le déranger ?

Il n'est jamais évident d'avoir le comportement le plus adapté. La situation et le contexte ne sont jamais les mêmes. J'aimerais maintenant vous parler de l'un des grands avantages de savoir déchiffrer la communication non-verbale de votre patron. Il s'agit de vous offrir la faculté constante d'agir en toute conséquence de cause, d'avoir le comportement adéquat avec lui, peu importe la situation. J'aime à entrevoir l'apprentissage de la communication non-verbale, et plus particulièrement dans le monde professionnel qui dispose de ses propres codes, comme d'un baromètre relationnel. Le fait que vous puissiez agir avec ce baromètre comme il le faut, quand il le faut, cela devient un atout indéniable dans votre évolution au sein de l'équipe ou de l'entreprise. En somme, vous pouvez vous mettre votre supérieur dans la poche très rapidement en sachant décrypter et vous adapter à son comportement. Ceci étant dit,

En quoi consiste l'analyse comportementale de son patron ?

Il n'y a ici rien de magique ou d'ésotérique. L'idée principale pour décoder son patron est d'observer son comportement pour en déduire l'état émotionnel dans lequel il se trouve. Rien de plus. Et vous constaterez qu'en fonction des nouvelles et des événements de la journée, son état émotionnel pourra varier. (rappelez-vous du baromètre).

Ce que je vais vous enseigner dans les lignes qui vont suivre, est très peu dépendant de la personnalité de votre boss. Que vous le considériez tyrannique, attentionné, ou bien caractériel, ce que je vais vous enseigner reste universel et vous permettra d'avoir le comportement approprié peu importe la personnalité de votre chef. Parce que c'est bien de ça le but in fine de pouvoir lire entre les lignes son chef. C'est d'avoir le comportement le plus approprié avec des interactions win / win. À la fois pour vous (il vous apprécie) et pour lui (cela lui rend le travail plus facile).

Comment décrypter son boss ? Mode d'emploi

Je ne vais ici pas vous parler d'astuces non-verbales mais bel et bien de stratégies pour entretenir une relation stable et saine avec votre patron sur le long terme. La première chose à faire est d'établir ce que l'on appelle une ligne de référence de votre chef. Vous devez être au fait et connaître son comportement dit normal. C'est d'ailleurs l'une des règles fondamentales dans l'apprentissage de la communication non-verbale.

Pourquoi ?

D'une part, parce que ça permet de s'abstenir d'erreurs d'interprétation des gestes du type : "Tiens il s'est gratté, ça veut dire ça !" Vous ne feriez qu'une chose : affaiblir la relation que vous avez avec votre patron avec une mauvaise interprétation (et donc mauvais action ultérieure de votre part)

Par contre, connaître comment votre chef agit en temps normal vous offre un avantage important dans la relation : cela vous permet de savoir lorsqu'il n'est pas dans son état normal. Si par exemple, chaque matin, il vient saluer l'équipe avant de prendre son café et de s'installer dans son bureau. On peut considérer que cela fait partie de son rituel matinal, que cela fait partie de sa ligne de référence.

Le jour où ce rituel matinal n'a pas lieu, le jour où votre chef file directement dans son bureau sans passer par la case "bonjour", vous avez une rupture dans sa ligne de référence ce qui doit vous mettre la puce à l'oreille. À savoir qu'aujourd'hui est pour lui un jour spécial. Peut-être a-t-il passé une mauvaise soirée, peut-être a-t-il du pain sur la planche et un dossier important à rendre, peu importe.

L'idée est que, par cette simple observation, cette rupture dans la ligne de référence, vous êtes alerté sur son potentiel changement de comportement pendant la journée. Et forcément, cela va impacter le vôtre vis-à-vis de lui. Si vous alliez le voir pour lui parler d'un projet qui a lieu dans 6 mois, et qu'il vous demande gentiment de le laisser tranquille, il n'aurait rien contre vous – simplement qu'aujourd'hui n'est pas le bon jour. D'ailleurs vous me direz tout à l'heure dans les commentaires quelle est la ligne de référence de votre patron. J'aimerais maintenant partager avec vous une autre stratégie pour décoder le comportement de votre boss.

Comment votre boss se comporte-t-il avec les autres ?

C'est une question importante. Encore plus importante lorsque vous prenez un nouveau poste (et que vous allez travailler avec un nouveau supérieur hiérarchique). On a souvent tendance à croire, et c'est humain, que nous sommes spéciaux au regard de notre boss. Soit que l'on est en mesure d'espérer un traitement de faveur, soit que l'on est dans son collimateur.

Si vous voulez savoir comment votre relation sera avec votre futur chef, observez simplement comment il traite vos autres collègues. Parce que même si au début tout est tout beau tout rose, les interactions ont tendance à s'aplanir et à s'harmoniser. Le comportement que votre chef a avec les autres sera bientôt celui qu'il adoptera avec vous. S'il est positif et attentionné avec les autres, tant mieux, car il le sera aussi avec vous. S'il est négatif avec les autres, prenez bien garde de ce fait et prenez des pincettes pour la suite de la relation.

Comment décoder les gestes typiques d'un boss ?

Parce que jusqu'à maintenant on a surtout parlé de comportement, d'attitude et de stratégie de décodage mais vous vous demandez sûrement :

Si mon boss fait tel ou tel geste, qu'est-ce que cela veut dire ? Écoutez bien ceci: Ce n'est pas parce qu'il s'agit de votre boss que son comportement sera différent de celui de votre grand-mère, de vos amis ou de votre collègue. Il s'agit d'un être humain à part entière et sa communication non-verbale, celle qui exprime ce qu'il ressent sera la-même que pour tout autre personne.

Chapitre 6 : Apprenez à détecter le mensonge à coup sûr

a. Mensonges et détection de mensonges

Le mensonge est un aspect des relations humaines qui nous touche tous dès le plus jeune âge. Qui n'a jamais menti pour essayer d'obtenir quelque chose ou pour éviter une sanction? Les enfants apprennent très tôt à mentir. À 8 ans, ils sont capables de mentir aussi bien que des adultes. Le temps et l'expérience peuvent en faire de très bons menteurs.

L'homme est un prédateur et il est capable de tromper son prochain à la moindre occasion. Un petit retard, un oubli, une envie d'échapper à une réunion ennuyeuse ... les futilités de la vie professionnelle et personnelle peuvent nous pousser à mentir, à tricher ou à modifier quelque peu la réalité que nous voulons présenter aux autres. Dans les situations graves, la probabilité que votre interlocuteur force un peu la chance ne manque pas. Alors, comment faire pour savoir s'il dit la vérité ou s'il ment?

Déjà dans la Grèce antique Aristote avait déjà compris que l'homme est un animal social. Il vit en société, mais il n'hésitera pas à trahir les siens s'il pense qu'il est nécessaire de le faire pour obtenir quelque chose qu'il ne pourrait pas avoir autrement. Nos ancêtres avaient compris que les mensonges produisent une augmentation du niveau de stress et une sécheresse de la bouche. Chez les Indiens, les suspects devaient mâcher du riz et le cracher. Les Chinois utilisaient de la farine de riz. S'ils y arrivaient, ils étaient innocentés. Dans le cas contraire, leurs jours étaient comptés... Le manque de salive empêchait bien évidemment de cracher le contenu de la bouche. Dans la série télévisée Lie-To-Me, Cal Lightman, spécialiste de la détection des mensonges, tend un œuf à un agent de la sécurité des transports qui s'en saisit immédiatement. Cette pratique utilisée par des tribus dans l'ancienne Afrique de l'Ouest reposait aussi sur la nervosité. Celui qui brise l’œuf était reconnu coupable.

Inutile de dire que ces techniques d'un autre âge sont peu fiables. Et pourtant, les services de police américains ont attribué une confiance aveugle au polygraphe pendant de nombreuses années. Le détecteur de mensonges a connu une période de gloire depuis la guerre froide, mais ses capacités à détecter les mensonges ont été fortement remises en cause par les études sur les émotions.

Que reste-t-il aujourd'hui ? Il faut toujours être prudent et ne pas confondre l'inconfort, le stress et la nervosité liés à une situation avec l'apparition d'un mensonge. Les raccourcis faits dans Lie-To-Me sont dangereux, car ils sont trop rapides et ne reposent pas toujours sur des fondements scientifiques sérieux. Néanmoins, des indicateurs émotionnels pourront vous renseigner sur des variations apparaissant chez une personne en train de mentir ou sur le point de le faire.

Il ne se passe pas une semaine sans qu'on me demande des astuces pour détecter les mensonges. Voici donc 5 astuces simples que vous pouvez utiliser avec vos interlocuteurs. Elles sont simples à utiliser, mais attention, il faudra toujours veiller à ne pas accuser quelqu'un à tort. Il vous faudra être prudent si vous pensez vous trouver en face d'un menteur. Faites attention aux faux positifs.

1. Servez à boire à votre interlocuteur

Ne lui demandez pas s'il veut boire quelque chose, car il pourrait refuser surtout s'il est un peu mal à l'aise. Versez de l'eau dans un verre et posez-le devant lui. L'eau est communément identifiée comme une substance désaltérante. En cas de changement soudain d'état émotionnel, vous pourriez le voir boire avant de répondre, ou alors il se saisira du verre ou posera son regard sur celui-ci. Le verre d'eau servira d'indicateur de stress. Une légère hausse de la température du corps pourrait assécher la bouche, ce qui lui donnerait envie de boire.

2. Demandez-lui de raconter l'histoire à l'envers

Cela fait souvent sourire mes clients en formation. Je pense surtout à ces dames qui imaginent comment questionner leur mari qui rentre un peu plus tard que d'habitude. Rassurez-vous Messieurs, l'inverse est vrai aussi ! Une personne qui crée un mensonge a souvent tendance à respecter une certaine logique et à organiser les éléments afin d'être crédible. Nombre de menteurs oublient d'imaginer l'histoire dans l'autre sens. Une personne qui a vécu une succession d'événements est souvent capable de raconter les faits dans les deux sens sans que cela demande beaucoup d'efforts. Par contre, une histoire inventée (tout ou en partie) est souvent plus difficile à gérer, surtout si celui qui l'écoute en perturbe son déroulement. À noter que la fatigue peut aussi rendre la tâche compliquée même si la personne dit la vérité.

3. Demandez à votre interlocuteur de réaliser une action simple

Le cerveau humain est capable de gérer des millions de stimuli sensoriels simultanément. Cependant, la réalisation d'une tâche simple peut se révéler compliquée si la personne doit se concentrer sur une autre activité. Alors que vous êtes en train de parler avec votre ami, vous avez l'impression qu'il vous ment. Demandez-lui d'effectuer une tâche manuelle aussi simple que mettre du papier dans l'imprimante, vous servir un verre d'eau, sortir un gâteau du four. Produire un mensonge demande un certain niveau de concentration afin de le présenter au mieux et être cru. Demandez-vous pourquoi votre interlocuteur effectue l'action avant de vous répondre ou vous répond avant d'effectuer l'action. Pourquoi n'est-il pas capable de vous répondre en même temps qu'il effectue cette action? Cela peut paraître suspect s'il a besoin d'un niveau de concentration important alors que la tâche effectuée ne demande que peu d'efforts.

4. Utilisez un questionnement en deux temps

N'essayez pas de détecter les mensonges en une fois si vous pensez avoir plus de chances d'y réussir en deux temps. Vous suspectez votre interlocuteur de ne pas vous dire toute la vérité ou de cacher quelque chose et vous lui avez déjà posé quelques questions. Laissez passer un peu de temps et revenez sur le sujet plus tard. Dans quelques heures ou quelques jours, il est possible qu'il ne vous donne pas exactement la même version des faits. Certains détails pourraient avoir toute leur importance. A-t-il vraiment vécu l'événement qu'il a raconté précédemment? Pourquoi y a-t-il des différences dans le récit ? Il pourrait aussi oublier certains éléments clés importants ou exagérer d'autres qu'il a presque occulté la première fois.

5. Concentrez-vous sur les détails

Notre mémoire est volatile et nous avons tendance à commettre des erreurs dans nos souvenirs. Ce phénomène connu sous le terme de faux souvenirs permet de combler les blancs et d'éliminer les incohérences. En tenant compte l'existence des erreurs de mémoire, vous pourrez tout de même pointer les incohérences d'un récit qui indiqueront que la personne ne vous dit pas toute la vérité.

Établissez toujours un climat de confiance. Il est important de créer une relation positive. Montrez à la personne que vous ne lui voulez pas de mal et que vous la croyez. Ensuite, orientez les questions ouvertes pour obtenir des détails. L'analyse fine de ces détails pourrait révéler des surprises. Veillez toujours à rester prudent dans vos déductions!

b. Décrypter les techniques du mensonge et de la manipulation selon la science du mentalisme

Le monde change, mais la constante humaine d'induire son prochain pour de multiples raisons, bonnes ou mauvaises, est bien vivante. L'Homme a toujours eu besoin de symboles pour conforter son attention : habits, décorations, atmosphère, son, etc,., et prise en charge par son inconscient. La perruque du juge anglo-saxon ou la robe d'un avocat sont là pour nous le rappeler. Mais, au-delà de l'apparat, il est évident qu'un « plus » est nécessaire chez celui qui voudra pénétrer et aiguiller la conscience des autres.

Ce « plus » peut résider dans son habileté, manuelle et intellectuelle, dans sa capacité d'anticipation des réactions et dans une connaissance profonde des instincts humains de base. Le temps à passer, et la recherche d'ondes alpha s'est substituée aux cérémonies rituelles chamaniques. La psychologie cognitive supplante l'observation malicieuse du devin. Les images de synthèse ont remplacé le coffre à double fond de l'illusionniste. Le conseiller en marketing a vaincu le faux médium. Les enchanteurs de notre temps emploient d'autres moyens, mais l'objectif reste le même : subjuguer, convaincre....manipuler.

Lorsqu'un individu cherche à dissimuler une vérité, son visage à émettre, de façon extrêmement brève, une expression qui traduit l'émotion qu'il ressent, et cela malgré sa tentative de se maîtriser.

« N'importe qui peut proférer des paroles menteuses ; les mensonges du corps exigent une autre science » – François Mauriac

L'homme est un animal qui ment, et son intelligence est souvent proportionnelle à sa faculté de faire croire ce qui n'est pas.

Le souvenir pour mensonge : technique du feed-back

André Malraux résume tout par ces mots : « Je mens, mais mes mensonges deviennent des vérités ».

Celui qui cherche à démontrer sa vision de la vérité aura toujours moins d'impact que celui qui y croit. Si un individu croit en son mensonge, fermement, la capacité d'imaginer s'ouvre à lui de façon naturelle. S'il n'y croit pas, s'il ne fait pas l'effort d'y croire, il va devoir accomplir une activité de construction intellectuelle pour déclencher sa faculté d'imagination, pour créer des représentations mentales du scénario qu'il établit, et, ainsi, perdre de l'énergie dans la transmission de son message. Il sera dès lors moins convaincant.

Alors que celui qui a brisé la barrière de sa propre conviction est libre d'imaginer. Afin de faciliter cette mise en condition, un bon menteur peut avoir recours à une technique simple, utile, et peu onéreuse en termes d'énergie : le feed-back.

La technique du feed-back consiste à se remémorer une situation déjà vécue pour la projeter dans un contexte imaginaire, temporellement différent. La disposition d'esprit ainsi atteinte permet de s'affranchir de l'effort de construction d'un mirage émotionnel, d'une création de sensation. Soulagé de cette exigence cruciale (se forcer à jouer), le menteur se retrouve dans un contexte mental que les praticiens d'arts martiaux nomment le munen ou libre de toute pensée. C'est exactement la même technique utilisée par les acteurs lorsqu'ils ont à simuler des émotions basiques comme la tristesse, la joie, le rire, la colère, le mépris, etc. Le feedback et une bonne gestion du silence doivent s'accompagner d'un troisième instrument, le plus efficace: La gestuelle, le langage corporel, le body langage.

En matière de communication humaine: 80% du message transmis est non verbal

Évidemment, la première règle dans le mensonge bien manié est la confiance absolue en soi. Absolue. C'est triste à dire, mais se surestimer dans la froideur est parfois utile. L'autre est un gibier déjà captif. Toujours. N'oubliez jamais que le principal objectif d'un manipulateur mental (commercial, agent de renseignements, mentaliste...) C'est : « l'autre d'accords, mais tel que je le veux. »

La confiance en soi ne peut se ressentir convenablement si les émotions humaines classiques, tels le tract ou l'embarras, prennent possession de votre enveloppe charnelle. Aussi, faudra t-il les désamorcer. L'atténuation de ces sensations peut s'obtenir par une bonne gestion de la respiration: une expiration profonde permettra de se resynchroniser et d'obtenir une plus grande décontraction dans la parole.

Une bonne oxygénation rend possible la limitation de la démonstration émotive. Si 80% du message transmis par l'être humain se situe dans le non-verbal, une grande partie de cette proportion est établie par le seul regard.

Selon la programmation neurolinguistique, dans de très nombreux domaines de la vie, il faut aujourd'hui qu'une communication soit aussi une relation pour pouvoir être réussie. Cette relation ne peut s'établir sans une transmission émotionnelle réussie. Et le moyen le plus direct, outre le toucher, reste le regard.

Les yeux devront donc quitter le moins possible l'interlocuteur. Les plus émotifs auront peut-être du mal à soutenir le regard accusateur d'un individu les soupçonnant de mensonge. Dans ce cas, ils pourront décaler légèrement leurs yeux afin de fixer non pas ceux de leur interlocuteur, mais la base de son front, la naissance de l'arrête de son nez. L'illusion opérera.

Une saine gestion du regard ne suffit pas pour que le message comportemental paraisse crédible. Au-delà de la gestion de vos yeux, l'efficacité communicante se renforcera par une autre technique employée par la PNL: la synchronisation.

Il a été mis en évidence des constantes qui se reproduisaient presque systématiquement. L'une d'entre elles étonne mais est véridique: l'expression du visage, destinée à appuyer un dire, dans le cadre d'un mensonge, intervient souvent après ce dernier. Une personne qui cherchera à simuler de la tristesse, par exemple, pleurera la plupart du temps après avoir commencé à énoncer les raisons de sa peine. Alors que la logique commanderait l'inverse. En effet, la montée d'émotion s'associe à la remémoration de la souffrance vécue, dès lors, l'expression faciale de tristesse devrait coïncider, ou même précéder, l'énoncé du propos. Dans le cadre du menteur, c'est l'inverse qui se produit. L'émotion va mettre plus de temps à apparaître.

Le trompeur, en phase de mensonge actif, n'établira que très peu de contacts physiques avec son interlocuteur. Sauf dans le cadre d'un menteur formé, dont une des principales leçons repose sur l'établissement du toucher de sa cible, le maniement de la donnée kinesthésique. La prochaine fois que vous serez approché par un excellent vendeur, vous le remarquerez immédiatement. À un moment où à un autre de l'échange, il vous touchera.

L'homme qui ment ne brisera pas votre sphère d'intimité.

La sphère d'intimité représente une distance d'environ trente centimètres entre deux individus. On la trouve dans les affrontements physiques imminents ou dans les situations amoureuses, par exemple. Mais très rarement en matière de mensonge. En outre, le menteur se protégera physiquement, par l'emploi d'une position de fuite, ou en plaçant des objets entre lui et sa cible. Par exemple, l'individu, dont le haut du corps vous fait en partie face, a pourtant les jambes (croisées, la plupart du temps), dirigées vers l'extérieur. Comme nous l'avons vu, une observation minutieuse du comportement non verbal rend possible de détecter le mensonge avec une probabilité de succès importante.

Les signaux verbaux du mensonge

Un bon mentaliste, outre la fine observation du dialogue gestuel, possédera aussi les codes permettant de décrypter les failles verbales. Lorsque vous êtes en train de confondre un individu dans son mensonge, il va se servir de vos propres expressions pour vous fournir une explication. Parfois même, il reformulera vos propres questions. Ce signe est important, et facile à repérer. Exemple:

– Renaud, pourquoi as tu dit que tu reportais la réunion de l'association pour raisons médicales alors que plusieurs témoins t'ont sur pris au café de Lyon en galante compagnie

– Qui sont les témoins? J'avais vraiment un problème médical. Ils ont dû se tromper, c'est impossible, je n'étais pas au café de Lyon

Le tempo des réactions est aussi une donnée importante à prendre en considération. Un vrai professionnel du mensonge mentira sans difficulté, sans perdre de temps. En revanche, pour un non-initié, la réponse première, le "oui" ou le "non", sera précédé d'un court temps mort avant la reprise de l'explication. Autre constante, le piètre menteur ira puiser dans l'abstraction, la morale ou l'habitude pour justifier son comportement. En bref, il cherchera un appui extérieur. L'automatisme de sa réaction nécessitera une source étrangère, un levier. Exemple :

Abstraction invoquée en défense

Renaud, pourquoi as tu dit que tu reportais la réunion de l'association pour raisons médicales alors que plusieurs témoins t'ont sur pris au café de Lyon en galante compagnie

– Mais John, tu sais très bien que ces réunions comptent pour moi, et que je suis un type fiable

OU

Tiers de confiance appelé à l'aide

– Mais John, j'étais vraiment malade, demande à ma femme, elle a pris soin de moi pendant tout ce temps.

Dernier point, que vous avez tous entendu au moins cent fois dans votre vie: l'emploi de mots introductifs du genre "sincèrement", "honnêtement", "franchement", "vraiment".

Manipulation Soft

La découverte majeure de Festinger a permis de mettre en évidence un comportement humain constant: lorsqu'il existe un décalage, une contradiction, une dissonance entre ses comportements et ses concepts, l'être humain est par nature tenté de réduire cette dissonance.

L'impérieux besoin de considération

En 1943, le psychologue Abraham Maslow établit une hiérarchie des besoins de l'être humain. Sa classification est la suivante (par ordre décroissant):

- Besoins physiologiques
- Besoin de sécurité
- Besoin affectif
- Besoin de considération
- Besoin d'appartenance
- Besoin de se connaître
- Besoin esthétique
- Besoin imaginaire

De plus en plus d'entreprises efficaces utilisent ce type de techniques en apportant un soin particulier aux désidératas de leurs salariées : Salle de musculation, sondage interne sur les compétences des managers, pressing intégré. On vous facilite la vie...On vous considère...pour accroître votre productivité.

De la même façon, le besoin de considération, d'estime de soi, est activable dans les rapports avec ses relations et clients. Aujourd'hui, de plus en plus de personnes utilisent textes et messages internet ou cartes virtuelles pour présenter leurs vœux à autrui. Grossière erreur. De façon générale, dans la vie personnelle ou professionnelle, la courtoisie est une arme lourde.

Ces médias sont éphémères, rapidement oubliés, voire pour certaines personnes considérées comme insuffisants. L'acte d'envoyer systématiquement un objet matériel, une carte manuscrite et personnalisée, augmente la satisfaction du besoin de considération de la cible. Pour tout manipulateur, il importera donc de savoir considérer sa cible, ou, pour toute cible de se méfier de la personne qui la considère de trop. L'estime de soi, le besoin de considération ont donc un effet capital sur le comportement humain et occupe une position hiérarchiquement importante dans la pyramide des besoins établie par Maslow. Tout bon patron doit en tirer les leçons qui s'imposent.

Du besoin d'appartenance à la preuve par la masse et à la soumission à l'autorité

Politiquement, l'élection à la majorité absolue est une illustration de la preuve par la masse. Même ceux qui ont voté contre se soumettent à la décision de la majorité. En psychologie sociale, un individu reproduit le comportement d'un groupe, car il s'appuie sur l'hypothèse d'une apparence: Si beaucoup le font, alors c'est bien. Si beaucoup y croient, alors c'est vraisemblable.

Les publicitaires connaissent bien cette logique, et il n'est pas rare de remarquer, en lettres capitales sur le packaging d'un produit les qualificatifs suivant: “Le meilleur selon le public”, “Carton au box-office”, “un succès total”, “le produit préféré des Français”...

Il s'agit d'une mécanique de renforcement collectif: une déclaration quelconque devient une croyance grâce à une confirmation collective indépendamment de toute validité réelle. La masse croyait, la masse jugeait. L'influence passe donc par une apparence acceptée par le plus grand nombre.

La soumission à l'autorité

Nous sommes entourés de situations dans lesquelles des autorités, pourtant légitimes, ajoutent à leur pouvoir une illustration d'autorité: la robe du magistrat, le costume d'un religieux, la perruque des magistrats anglais, l'écharpe des élus du peuple, les toges de la franc-maçonnerie, etc. Cet ancrage visuel permet tout de suite à l'observant d'appréhender l'autorité. Comme l'écrivait Machiavel: "Les hommes, en général, jugent plus par leurs yeux que par leurs mains". Le besoin de considération, d'appartenance, la preuve par la masse et la soumission à l'autorité ne sont pas les seuls leviers permettant d'actionner un processus créateur de motivation. L'être humain peut également séduire

La motivation par la séduction

Le célèbre psychologue Robert Cialdini rappelle avec pertinence le caractère déterminant de "l'effet de halo" en matière de relations sociales dans son ouvrage consacré à l'influence.

"L'habit ne fait pas le moine, mais sans soutane, on ne reconnaît pas le prêtre."

De façon générale, on répond plus favorablement aux demandes d'un individu qui nous paraît sympathique. Ce principe semble basique, mais ne doit pas être négligé pour l'appréhension de la motivation d'autrui.

Dans ce cas, le manipulateur va augmenter la sympathie qu'il vous inspire en se plaçant dans une logique de similarité. Comme ce vendeur de livres, s'approchant de vous et, voyant le titre de l'ouvrage que vous tenez en main, vous dira: "Excellent choix, je viens de le finir, c'est une merveille. Vous aimez le genre?".

La similarité, mais également le contact et la coopération sont vecteurs de sympathie. Dans toute opération d'influence, le sentiment de liberté est déterminant. Le vrai pouvoir reste celui de l'esprit sur l'esprit. Ainsi, l'esprit qui se sent libre alors qu'il est dirigé a perdu. Mais c'est parce qu'il se sent libre qu'il s'égare.

L'engagement sans fin

L'engagement est le lien entre un individu et son acte. D'un mariage à une décision d'achat, un engagement stabilise le comportement d'une personne. Plus le sentiment de liberté associé aux comportements est fort, plus l'engagement dans la réalisation d'un acte sera important. La liberté de décision renforce le degré d'engagement dans un acte, que cet acte soit ou non problématique.

Si on peut entraîner quelqu'un à un engagement quelconque, il est possible de le pousser à tenir avec une cohérence inconsidérée cet engagement. C'est ce que Robert Cialdini appelle dans son ouvrage Influence "la formidable puissance du principe de cohérence". L'application de ce principe est la conséquence directe de la dissonance cognitive (mère nourricière de l'indéfectible volonté de réduire ses contradictions intérieures).

Technique du contraste: Présenter d'abord la pire solution, puis proposer une solution "moins pire" mais qui nous arrange en disant: Mais j'ai une solution" ou "En revanche"...

Technique du désavantage masqué: "attendre que le processus de vente soit suffisamment avancé pour informer d'une information désavantageuse pour le client.

« Ne loupe jamais une occasion de faire un cadeau. N'offense pas en offrant un présent onéreux. Il crée une obligation disproportionnée et, sans le vouloir, tu manques de respect. Choisis de l'abordable mais qui touche. Personnalisé. Note les goûts de chacun de tes relations, dans un carnet. Et pas pour rien, pour une occasion un évènement heureux. »

Les cadeaux se font à l'ensemble de la hiérarchie de la structure que tu cibles. Du Boss au Manœuvre. Surtout au Manœuvre. Respecte tout le monde et ne soit jamais snob. Trop de gens ont tendance à manquer de respect à la base de la hiérarchie. Stratégiquement, c'est bête et moralement, c'est moche. »

L'action du discours sur les esprits

La persuasion consiste à amener quelqu'un à croire quelque chose. La persuasion est donc le processus menant à la conviction d'autrui. La rhétorique est l'un des instruments permettant d'y parvenir. Savoir dérober l'éloquence des autres :

Observer leur rythme, leurs intonations, leur phrasé, détecter les meilleurs, noter les bons mots, les gestions de silence, les instants de gravité. Apprendre la rhétorique nécessite donc une écoute attentive de ceux qui discourent avec pertinence : écoute, humilité, et respect. En vous inspirant de ceux dont le discours captive votre attention et emporte votre conviction, vous vous imprégnez de rhétorique, par un phénomène d'imitation.

Comment fonctionne la rhétorique?

Le grec Protagoras posa le principe dialectique selon lequel n'importe quel sujet peut être énoncé selon deux thèses contraires. L'importance réside dans le fait qu'elles soient vraisemblables. Or la vérité n'est pas forcément vraisemblable.

"L'orateur doit pouvoir charmer, mais l'art du discours reste le levier majeur de la persuasion." – Saint augustin

L'art de persuader fonctionne sur une énonciation de faits probants présentés avec dextérité par un orateur charismatique. Les techniques de manipulation soft permettant d'accroître influence et charisme auprès d'un tiers.

De tels outils, bien utilisés, peuvent magnifier la présentation d'un effet magique, accroître le potentiel d'un message commercial, retourner une argumentation en sa faveur. L'habilité esthétique: La forme, c'est le fond qui remonte à la surface

La première règle à respecter dans un discours, quel qu'il soit, écrit ou oral, est la simplicité. C'est le principe le plus important, qui engendre de nombreuses conséquences.

Ne jamais faire compliqué

Sans compréhension, à moins de recourir à des techniques de lavage de cerveau, pas de persuasion possible. Viser simple, c'est utiliser un vocabulaire courant, choisir des mots connus de tous.

Soigner le tempo

Attention à la monotonie du rythme. L'esprit peut rentrer dans un état hypnotique en entendant un discours sur un ton monocorde pendant une heure. Le rythme, pour stimuler un public, surtout dans le cadre d'un monologue, doit varier toutes les 5 à 8 minutes environ.

Le rythme, ainsi que le ton.

L'utilisation de métaphores amusantes, d'anecdotes originales au moment du changement de tempo permet de recalibrer l'attention d'un auditoire en perte de concentration.

Gérer son espace

La gestion de l'espace lors d'une prise de parole ne peut être occultée. Il convient d'habiter l'espace dont nous disposons, et de s'y déplacer calmement. Certains d'entre nous ont parfois le tract. Descendre mentalement dans son corps pour s'y centrer permet de remédier à l'angoisse, de même qu'une libération de la voix, comme en matière de champs, diminue les fluctuations d'émotions.

Posséder son dire

Si le discours est préparé, chaque phrase doit être conçue pour avoir une utilité objective à la démonstration. Si vous disposez de temps, sa mémorisation est nécessaire, car elle permet l'improvisation et l'adaptation aux évènements extérieurs. Un discours très bien écrit mais juste lu n'aura jamais le même impact que celui déclamé par un rhéteur qui le possède. En outre, la mémorisation d'un discours permet, avec l'habitude, d'improviser d'autres discours beaucoup plus facilement, de façon impromptue, et cela à partir de rien. Car une bonne mémorisation d'un discours consiste à retenir non pas l'ordre chronologique des mots, mais la disposition des idées, des temps forts, des symboles et de l'articulation générale. L'élaboration de phrases courtes favorise la mémorisation.

Le principe fondamental : une idée, une phrase, un silence (même très bref).

Dans le cadre du lavage de cerveau, la suggestion s'adresse à votre inconscient, à la différence de la persuasion qui vise le conscient. La meilleure façon de se réaliser, pour un individu, n'est pas de cultiver consciemment sa propre distinction particulière, mais de s'immerger dans la vie collective. Car en se concentrant exclusivement sur un projet de création de soi-même, l'individu se prive de ressources plus amples que réclame une transformation plus riche de soi.

La conception anthropologique de Dewey suppose donc que parce que l'individu est un produit social, il ne peut pas réaliser son affirmation de soi sans un engagement dans l'espace public.

Méthode de captation d'informations

Cette méthode est employée dans beaucoup de milieux (psychanalyse, médium, techniques de vente,...) Il s'agira d'amener le sujet désiré à parler de lui, à obtenir des informations, sans avoir recours à un quelconque matériel de surveillance, mais en jouant uniquement sur des rouages psychologiques. Ensuite, dans la conversation, vous reformulez ce qui a été dit, et vous le redonnez à votre cible, afin d'obtenir des précisions.

L'associé à une autre technique: le Cold Reading (lecture à froid) qui est une captation d'informations recueillis après une étude uniquement physique du sujet. Le moyen pour mettre en œuvre cette technique repose essentiellement sur la mécanique de l'interrogation affirmative: la formulation d'une question comme une affirmation dans l'attente d'une réponse. Pour exécuter un exercice de fishing de qualité, il faudra se placer dans une posture d'écoute active.

Écouter autrui n'est pas une attitude instinctive. La véritable motivation, ce que le mentaliste ne doit jamais perdre de vue, c'est la captation d'informations.

De cet objectif naît la volonté de rentrer dans une phase d'écoute active.

L'être humain n'est pas naturellement disposé à écouter son prochain se lamenter ou narrer ses exploits. Un effort mental est donc requis. Le but exclusif d'un manipulateur est de devenir avant toute chose un expert de l'écoute, car l'écoute active est la genèse de la persuasion, son socle. Méfiez-vous des personnes qui vous écoutent religieusement, et vous relancent sans temps morts pour que vous précisiez vos dires ! Une opération de fishing peut être facilitée de la façon suivante:

- Partir d'une proposition générale que l'autre acceptera (majeure);
- Le conduire ensuite doucement vers l'acceptation du schéma proposé (mineure).

Il suffit d'amener la personne à céder sur un détail anodin ou d'obtenir d'elle un premier consentement pour qu'ensuite se reproduise une attitude d'acceptation. Un exemple simple et utilisé par tous les vendeurs, une fois des banalités échangées:

– Puis-je vous poser une question?
– Oui

Quelle que soit la question posée ensuite, nous bénéficierons obligatoirement d'une réponse, car l'acceptation première conditionne le comportement à venir. Cette mécanique est basée sur un principe fondamental de psychologie sociale: le principe de dissonance cognitive. "Il existe toujours un besoin de cohérence entre la réalité et la représentation de la réalité. Si cela se révèle impossible, le sujet fera tout pour changer ses représentations, car sans cohérence, l'équilibre psychologique est rompu." C'est exactement le même processus qui opère en matière de fishing.

Une fois que la cible a répondu "oui" à "puis-je vous poser une question", quelle que soit la question posée ensuite, le silence romprait l'équilibre psychologique reposant sur la base de la première acceptation, le "oui" originel. Par exemple, certains serveurs de restaurant utilisent une technique similaire. La plupart des serveurs inexpérimentés, au moment de prendre la commande, diront: "Vous prendrez un apéritif?" Cette phrase présente deux inconvénients :

D'une part elle est affirmative et, inconsciemment, est perçue comme un ordre dissimulé, d'autre part elle s'expose elle s'expose à une réponse qui ne peut être que "oui" ou "non". c'est une question fermée. Un meilleur serveur dira plûtôt: "Que désirez-vous comme apéritif?"

Le client ne peut pas répondre par "oui" ou "non" et, en cas de réponse négative, le client devra expliciter son refus. Son refus le contraindra donc à réaliser un effort supplémentaire, à se justifier. Le pourcentage qu'il cède à la consommation s'accroît en conséquence. Un manipulateur, quel que soit son domaine d'intervention, formulera toujours ses émissions de façon à conditionner dans une certaine mesure la réponse qu'il désire.

Nous allons distinguer deux étapes qui vous permettront de pratiquer les bases du Cold Reading: Le vocabulaire à employer et les constatations logiques à faire face à la cible.

Termes à injecter dans une conversation concernant le travail

- Vous subissez l'autorité d'une personne... (Comme 99% des habitants de la planète. Savoir laquelle vous éclairera)
- Vous êtes apprécié par vos proches... (Permettra de déterminer la sphère sociale positive de l'individu).
- Votre vie professionnelle n'est pas une cause, mais un effet (phrase sans véritable sens qui a pour but exclusif d'appréhender le rapport du sujet avec sa profession).
- Un être ne vit pas parce qu'il est organisé mais est organisé parce qu'il vit (même type de phrase que la précédente, générale et vide de sens, interrogation affirmative ouverte sur le sens du mot organisation. Ainsi les priorités apparaissent. Si elle parle en premier lieu de sa famille, ou de sa profession ou de son physique, vous disposerez de son sens des priorités).

Phrases utiles en Cold Reading sur les caractères

Ce sont des phrases totalement vides qui s'appliquent à tout le monde et qui ont 2 objectifs : montrer à la cible que l'on s'intéresse à elle; susciter une réponse permettant d'obtenir des informations circonstanciées:

– Vous semblez préférer suivre quelqu'un de votre propre initiative que d'être poussé à le faire

– Vous paraissez être très exigeant avec vous-même

– Vous aimez penser en toute indépendance et vous n'acceptez les jugements des autres que s'ils sont étayés par des preuves sérieuses, comme je vous comprends.

– Bien que vous connaissiez vos propres faiblesses, vous les compensez par ailleurs. C'est une force

– On perçoit le désir d'être aimé par vos semblables. Est-ce finalement si important?

– En règle générale, vous semblez être parfaitement maître de vous-même mais vous êtes souvent inquiet de vous, manquez d'assurance. Cela demande une grande maîtrise de soi, félicitations.

– Il vous arrive d'être réservé et méfiant mais le plus souvent vous êtes ouvert et social.

– Vous appréciez les choses élevées de la vie mais je sens que vous n'êtes pas toujours en mesure de combler vos désirs. Ne faites pas passer ceux des autres avant les vôtres.

– Je comprends bien. Votre besoin de sympathie vous amène à confier des affaires personnelles à des gens qui en profitent pour faire des commérages. Ne vous confiez pas au premier venu.

Enfin, il existe également un point que certains oublient dans leur opération de fishing. Cette règle fondamentale, ce credo, pourtant, devrait être gravé dans l'esprit de chacun: Dites-en le moins que possible, vous le direz mieux. La richesse de la langue française nous permet de communiquer des idées selon des formes infinies. Mais des maladresses sont souvent commises, surtout lorsque vous répondez rapidement à des sollicitations impromptues ou que l'échange s'accélère.

28274782R00106

Printed in Great Britain
by Amazon